# 编 辑 委 员 会

汲取榜样力量 助力乡村振兴

# 高素质农民
# 科普工作典型案例

中国农学会
中国农村专业技术协会　组编

中国农业出版社
北　京

# 目 录
### c o n t e n t s

# 目　录

# 目 录

# 北　京

## 种好栗蘑助振兴

北京海疆栗蘑产销专业合作社　张鑫奥

举办栗蘑培训班，邀请专家开展讲座，让更多人了解食用菌……这是北京市昌平区张鑫奥开展科普工作的剪影。

张鑫奥是昌平区延寿镇黑山寨村人，也是北京海疆栗蘑专业合作社副理事长，在种植栗蘑的道路上，他一干就是八年。近年来，张鑫奥积极参加科普活动、发放宣传材料、组织培训和讲座等，不仅从科普活动中获取有用信息，拓宽致富渠道，也大力举办科普活动，帮助农户提升经营意识和生产技术。

## 一、一心扑在栗蘑上

身为 90 后的张鑫奥，因为投身农业，走上了一条与众多同龄人截然不同的道路。当别人早上五点还在睡觉的时候，他已经身在田间了。为了示范栗蘑种植，他把栗蘑当成孩子一样精心照顾，种植过程中遇到问题及时向专家请教，累计带领 300 余户农民种植栗蘑。

这些年，张鑫奥不断试验示范，探索更科学的种植技术。2015 年，张鑫奥在合作社进行了 8 000 棒栗蘑的大棚冬季反季节试种，对新的种植技术进行探索。2018 年，利用合作社的栗蘑基地 600 余亩\*，试验示范种植 14 个栗蘑

---

\*　亩为非法定计量单位，1 亩＝1/15 公顷。——编者注

新品种。2019—2021 年，参与"北京市农民致富科技服务套餐配送工程"项目，开展 3 亩林地的林下栗蘑仿生态示范种植，种植北京 1 号、3308 号、3338 号新品种，通过试验选育，北京 1 号于 2022 年进入推广阶段。

同时张鑫奥还积极进行技术创新，示范推广生态种植，通过回收板栗树等农业废弃物，实现资源化循环利用，年处理量达到 800 吨。这些农业废弃物粉碎后用于制作栗蘑菌棒，从而减少树枝燃烧带来的碳排放。同时，配备 1 800 平方米的制菌车间、养菌室、库房，积极发展林下经济，并使用废弃菌棒种植蔬菜，生产高品质农产品，促进社员、农户就业增收。

谈及回村从事农业工作，张鑫奥说："由于从小生活在农村，并且家庭的主要收入来源是务农，所以我对农业有着特殊的感情。大学毕业后，我想为乡村振兴尽一份力量，投身于最需要我的地方，所以选择回到家乡，开始人生新篇章。"

## 二、汲取科普养分

在张鑫奥的记忆中，第一次接触农业科普是在 2015 年。当时，北京市农业技术推广站将田间学校设在黑山寨村，由北京海疆栗蘑专业合作社承办。

这次田间学校邀请中国农业大学的王贺祥教授、北京市农业技术推广站的吴尚军老师给学员及社员授课。这次授课，让社员学到了不少知识，也让张鑫奥感受到科普活动的益处。

之后，合作社还与九三学社北京市委、市科协及昌平科协合作，由北京昌平黑山寨栗蘑种植协会、北京黑山寨果品专业合作社承办各种科普活动。如在黑山寨村开展"百技为一村"活动，以及讲解山区果树根系埋瓶渗灌节水技术、栗子酒的试制方法、栗树叶饲养肉用驴技术、栗蘑酱制作方法及栗蘑即食产品的开发等。

2022 年，由延寿镇 12 个自然村的栗蘑种植技术能手组成的社会化服务队伍成立，张鑫奥任职队长。服务队伍深入农户开展技术服务指导，通过合作社农民田间学校组织开展教育培训，提升农民的生产技术和经营意识，围绕绿色安全可持续性发展保证栗蘑产量及品质。

每年，张鑫奥参加各类科普活动 5 次，负责科技套餐项目，定期组织社员及种植户培训 20 次以上，主要涉及种植技术、病虫害防治、节水、新品种推广种植等，不断从科普活动中获取有用信息，不断汲取知识和技能养分。

## 三、让栗蘑走出去

为了让栗蘑走出黑山寨，也让更多人了解农业，张鑫奥积极投身科普工作，结合农文旅举办各类特色科普活动，打响黑山寨品牌。

一是栗蘑进社区。举办栗蘑进社区活动，累计进社区230次，参加活动的社区居民1万余人次，累计销售鲜栗蘑3.9万千克，并吸引社区居民到基地采摘5 000余人次，累计助力30多户种植户销售鲜栗蘑超过10万千克，带动农户增收。

二是黑山寨收秋节。从2016年起，推出黑山寨收秋节——摘核桃不要钱、捡板栗不要钱的活动，拓展农业科普、采摘体验等功能。参与的市民累计达到42.4万人次，累计带动黑山寨、延寿、南口、流村等8个山区、浅山区镇的农民增收4 240万元，年均增收700多万元。

这些年，张鑫奥在科普类活动上投入经费从1万元增加到近10万元。主要支出项目有进行试点试验、开展科普讲座、发放科普图书资料及参加各种科普活动。每年发放宣传材料，如图书、宣传折页、光盘等14 000份，让协会会员更好地了解科普信息和相关技术。

北京昌平黑山寨栗蘑种植协会吸收了延寿镇镇域范围内绝大多数的栗蘑种植户为会员，为会员提供技术指导等服务，并与北京海疆栗蘑产销专业合作社进行合作，统一销售栗蘑。

7月是栗蘑成熟的季节，栗树下，拱棚内一簇簇栗蘑破土而出，散发着特有的香气。"现在正值二茬栗蘑成熟期，新鲜栗蘑1斤*能卖到十几元，收益远远超出预期，产品供不应求。"张鑫奥说。

作为返乡从事农业的大学生，张鑫奥通过参加各类科普活动、定期组织社员及种植户参加科普培训、举办栗蘑培训班、开展科普日活动、发放宣传材料、率先试点试验等，不仅培养了一批种植能手、规范了生产流程、发展了生态循环农业，更帮助当地农民打造终身学习的氛围，对提升农民综合素质和增产增收起到了积极的推动作用。

---

\* 斤为非法定计量单位，1斤＝500克。——编者注

# 推广农业技术　开展科普教育
# 提升农民素质

北京龙湾巧嫂果品产销专业合作社　张亚利

科学技术是第一生产力，加强科学技术普及教育，是大力实施科教兴国战略、持续增强国家创新能力、全面推进乡村振兴战略的重要举措。在这一进程中，推广农业技术、提升农民素质、开展科普教育是张亚利个人成长的见证，也是北京龙湾巧嫂果品产销专业合作社理事长张亚利经营合作社并发展壮大的推动力。这期间她荣获了全国十佳农民、全国农业劳动模范和全国劳动模范，成长为农业技术推广研究员，合作社发展为国家级农民合作社示范社。

## 一、成立龙湾巧嫂果品产销专业合作社

张亚利的成长和发展起步于乡村小学教育工作，1995年她迈出了自主创业的第一步，开办小动物养殖场，努力通过技术使乡村脱贫致富。2008年，她带领当地姐妹们成立了龙湾巧嫂果品产销专业合作社，闯市场、谋发展，注册了"龙湾巧嫂"商标，开启了发展乡村的第二步。此后，她扩大规模，强化管理，提升质量，开拓市场，迈出了提升乡村的第三步。

近年来，她借助都市农业的发展机遇，积极创新经营模式，开启观赏农业、旅游农业和科普农业等新型业态，开启了振兴乡村的第四步。在多年的经营实践中，她深深地感到科学技术对于产业发展的重要性，尤其在加入中国农学会科技志愿服务分队后，她立足本职岗位认真履职，积极参加农学会组织的调研活动以及相关会议，特别是参加中国农学会举办的各种培训后，她进一步体会到发展农业离不开技术，唯有科技兴，方可农民富。

## 二、开展形式多样的农业科普活动

借助中国农学会搭建的专家资源平台，张亚利先后联合京内外科研院所及高等院校的农业技术专家、经营管理专家、新媒体运营专家参与指导、策划和组织了各类科普活动，辐射农民1 000余户，先后带动200户农民脱贫致富，在推广农业技术、促进成果转化、提升农民素养、开展科普教育等方面起到了积极的示范作用。其中的活动内容主要有三类，分别是农民现代农业先进技术培训、青少年现代农业科普研学教育、社区居民农耕文明宣传。

在中国农学会的大力支持下，与各大专院校、科研院所合作，围绕当地农民需求，张亚利带领科普分队先后开展了林下食用菌种植技术、立体栽培与水肥管理技术，以及集约用地、节水灌溉、水肥一体化、生物防治等现代农业技术培训。现已开展相关培训50期，培训农民2 500人。同时组织开展了休闲农业、电子商务培训等农民现代农业技术培训10期，共计培训500人，为当地农民发放农业科技知识手册1 500册。

为了引导青少年深入了解现代农业的新技术新理念，借助巧嫂合作社现有的农业资源开展了多种形式的农业科普研学教育活动，让青少年更多地认识农业的特点、了解农作物和昆虫的习性、体验农村生活的乐趣，培养他们热爱农村、勤劳朴实的优良品质。现已开展农残检测、盆栽特菜种植、香料种植等农业科普研学教育活动共计120场，使得9.6万名青少年受益。同时开展农作物认知、昆虫知识研学、多肉种植等农业科普研学教育活动30场，使3.6万名青少年受益。两年来为青少年发放农业科普图书10万册。

巧嫂科普分队将古老的传统插花技术与现实生活中的美学需求相结合，开展科技志愿服务，宣传数千年中华农耕文化，提升全民科学素质，实现农村社区的精神文明和物质文明双丰收，已经开展150期中华农耕文明传统技能培训活动，使得7 500名社区居民受益。并计划为社区开展插花、韭菜艺术种植、灵芝盆景制作等活动15场，培训社区居民756人。

## 三、建立一支15人科普志愿小分队

为了做好科普服务工作，张亚利建立了一支15人的科普志愿小分队，通过发挥各类资源优势，在农村地区大力推广科技示范、挖掘农耕文化、开发农业课程、普及科学知识，开展了一系列卓有成效的科普活动，平均每月接待10 000人次参观学习。其中联合中国农学会，举办了"休闲农业创新与乡村振兴"研修班，为农民讲解休闲农业与乡村旅游政策、产业融合视角下的休闲旅游农业创新、休闲农业与乡村旅游产品规划及品牌提升等内容，并围绕农村科普机制创新——中国农学会"顶天"与"立地"科技志愿服务模式等主题开展了讨论，积极助力乡土人才开发与乡村振兴。

丰富多彩的科普服务活动对当地产业发展和美丽乡村建设产生了积极的影响，合作社也被评为全国农业科普教育基地、全国农业科技示范展示基地、2021年优秀全国科普日组织单位、2021年度中国农学会科技志愿服务典型、北京市新型职业农民培训基地、北京市农业科技示范基地、北京市中小学生学农教育基地、全国五星级休闲园区。

作为中国农学会基层科技志愿者，长期以来，张亚利一直在通过技术培训和指导带动周边农民朋友，并以此来践行一个志愿者的承诺。她常说一人富不算富，大家富才是真的富。巧嫂科普分队在她的带领下成了联结农民与专家的纽带、传播先进科技文化的"二传手"、农村科普的"宣传队"，更是亲手打通农村科普"最后一公里"的实践者。几年来，张亚利围绕乡村全面振兴、农民科学素质全面提升的目标，以爱心和奉献作驱动，尽己所能，服务乡村、服务农民，在推广农业生产技术、带领农民脱贫致富、创新乡村产业发展模式、促进城乡社会服务等方面做出了突出贡献。她几年如一日自强不息，用智慧服务农村，用行动传播爱心，是一位名副其实的建设和谐、文明、美丽乡村的合格志愿者。

# 凝心聚力　托举"莓"好

北京康寿草莓专业合作社　王建兴

　　王建兴，生于1987年，中共党员，先后担任北京康寿草莓专业合作社销售经理、北京康寿草莓专业合作社理事长等。2022年8月有幸成为第一批北京市头雁学员。2022年11月被北京市农业广播电视学校聘任为京津冀农广校体系教育培训乡土专家。2023年与北京桃林高利果品专业合作社成立了北京兴寿利康果品合作社联合党支部。

## 一、立志科技兴农

　　在工作开展过程中，王建兴发现很多农户的年龄较大，种植出来的产品品质参差不齐，收入差距也很大，就立志要通过科普活动提升大家的生产技术，带着更多的人增产增收。其间，王建兴也不断学习新的知识，并和大家一起分享，通过分享把新鲜的知识转化成适合合作社生产经营的方法，就这样王建兴与团队始终脚踏实地前行。2021年，北京康寿草莓专业合作社承接了北京市高素质农民培训，为农民提供最专业的技术培训服务。田间学校为农民提供自下而上的培训服务，培训内容来源于农民需求，针对农民在生产中遇到的各类问题，联合各部门聘请专家到生产一线进行技术指导，与此同时田间学校的培训注重实地观摩。每年开办培训10余场，培训高素质农民200余人，服务面积500余亩。在田间地头，农民实现了即时学习，他们的实际问题也得到了解决。

## 二、自媒体营销促增收

　　在进行技术创新的同时，王建兴组织农户拓宽销售渠道，组织农户学习网络销售，带领农户开展快递到家和社区团购业务，获得了大批量的快递订单和社区订单。统一快递包装，与最优物流合作寄递业务，统一快递价格和团购价格，实现优质昌平草莓销往全国，销售额逐年增高，草莓全年平均销售价格由原来的每千克 20～30 元提升到 50～60 元，实现每户增收 2 万元，大大提高了种植户的信心。王建兴表示，她将通过努力学习继续带领更多农户增收致富。

## 三、凝心聚力成效明显

北京康寿草莓专业合作社成立伊始，入社社员仅为 16 户，随着合作社不断发展壮大，现工商注册入社社员达 162 户，生产基地占地 60 亩，草莓大棚500 栋，分布全区 10 个自然村，带动周边农户 300 余户，社员每年每栋温室获纯利润近万元，销售草莓达 750 吨，草莓产生的经济效益达 1 500 万元。

合作社始终遵循保持安全生产、产品品质至上的原则，2015—2019 年连续 5 年被定为北京农业嘉年华的指定供货单位，并获得多种奖项及荣誉，如 2016 年获得"北京昌平"微信公众号最受网友喜爱的草莓园第二名，2023 年获得北京市农业技术推广站草莓之星五星奖和最受市民喜爱奖。

# 扎根基层踔厉奋发　红心向党勇毅前行

北京桃山月亮湖种养殖专业合作社　宋丽新

宋丽新，生于 1970 年，大学专科学历，北京桃山月亮湖种养殖专业合作社社长，扎根农村心向党，致富不忘乡亲。宋丽新走出学校后积极投身农业生产建设，1995 年创办了农产品加工厂，创业取得第一桶金后，带领 150 户社员种植食用菌，实现户均增收近 2 万元，走出了一条依靠蘑菇种植致富的道路。成立北京桃山月亮湖种养殖专业合作社后，从自己创业到带领周边村几百人共同发展、共同学习。依托月亮湖绿色科普基地、月亮湖红色教育基地，广泛开展各类培训活动。从最初的年培训几十人次到现在的年培训 3 万余人次，多渠道帮助 5 万人实现了科技致富。

## 一、义无反顾辞去铁饭碗

初中毕业后，宋丽新被粮库录用，端上了别人眼中的铁饭碗。慢慢地，家里的日子开始有了起色，自家小日子虽然越过越好，但她的心里却总是有点失落。按部就班的日子，距离当初改变家乡落后面貌的梦想，有着天壤之别。尤其是看着村里和她年龄一样大小的姐妹，还在面朝黄土背朝天过着贫困的生活，看着她们花季的年龄和脸上失落的容颜时，她的心里不时隐隐作痛，深思之下，她做了一个决定：打破铁饭碗，自主创业，为家乡父老做点实事儿，让家乡的姐妹都露出灿烂的笑容。

19 岁那年，当她决定辞去铁饭碗回乡创业时，遭到了父母的强烈反对，他们苦苦相劝，以死相逼，看着父母老泪纵横的面孔，她违心屈服了。1992 年，她结婚后不久怀孕了，跟父母说单位要求必须晚婚晚育，否则就要被开除。违心骗过父母后，这一次，她借着怀孕的由头，辞职回到了家乡，那一刻，她在心里暗暗发誓：一定要干出点名堂来，通过不懈的努力去实现创业梦想。

## 二、坚定志向勇敢来创业

回到村里后，她带着几个人开始销售粮食和农产品。1995 年，建成了面粉加工厂。那些年，销售形势很好，实现年收入几十万元。

致富后，2009 年，带领农户成立了月亮湖种养殖专业合作社，组织农民种植食用菌，拓展创收渠道。她没日没夜地往返于课堂、工厂、田地，学会了种植技术。经过几年的摸爬滚打，她的付出没有白费，2012 年，带领 150 户社员把闲置的蔬菜大棚利用起来，种植了食用菌，实现亩均增收近 2 万元，走出了一条依靠食用菌种植致富的道路。

## 三、终身学习矢志为科普

宋丽新坚持白天在地里干活，晚上学习新知识，经常参加各类培训班，并把学到的知识传递给村民。为了让更多人学到知识，她坚持拍摄科普视频，发送文字科学知识，让大家足不出户就能学到科学知识。她还走进社区，为大家讲解科学知识。

为了调动大家的积极性，她坚持走进生态庄园，在实践中手把手教授大家科学技能，让大家近距离和科学内容亲密接触，极大地调动了大家学习科学的积极性。

在开展科普志愿活动中，有些村民最开始只是跟着听课，有着似懂非懂的神态。但是服务队用真诚、知识、力量不断地坚持做好自己所从事的科普工作，慢慢地培养起了大家的积极性和工作热情，大家参与科普学习的热情越来越高。有的甚至带着自己的儿女、孙辈一起来参加学习。天长日久，大家已经把月亮湖当作自己的家人。有位参加科普学习的老大爷说："我都八十岁了，平时没事就在家里晒太阳。自从参加了你们的学习之后，这心里可敞亮了，不仅学到了科学知识，还把现在小年轻学习的东西也学会了，比如拍照、抖音啥的。现在啊，感觉越来越想学习，这日子啊真有奔头。"每逢宋丽新听到这样的反馈，作为服务者心里感觉无上的骄傲和自豪。

开展科普活动，有乐趣，也会遇到一些困难和挑战：

一是转变村民的观念在一定程度上存在着不小的困难。他们总以为自己年龄大了，没啥文化，满足于日常平淡的生活，对于学习科学知识的积极性不是很高，学习起来很吃力，普遍存在着凑合的心态。科普工作需要下大气力改变他们头脑中的陈旧观念，让他们真正感受到学习带来的乐趣。

二是加大科学普及的力度，尤其是科普进农村、进社区、进学校等。

三是流动科普资金支持需要进一步加强。科普是一项任重道远的工作，如果可以在资金上给予倾斜，在设备上给予支持，科普的成效必将更加明显。

四是科普志愿者的后续梯队力量需要加强补充。

月亮湖科技服务队依托月亮湖生态庄园的设施优势，多次组织科普宣传活动，向群众讲解、介绍科学知识。服务队还走进社区、走进红色教育基地、走进学生当中，广泛开展科普活动。

依托月亮湖服务队的场馆，建立了科普展示馆，通过图片、视频、实物等形式，向群众传递展示科学知识。

新冠疫情防控期间，拍摄的科普宣传视频，及时发到微信群内，让大家学习，不仅传播了科学知识，还传递了良好的生活理念。

开展青少年科普研学活动，以激发学习兴趣、增强动手能力为目的，通过农事体验环节激发亲近自然、热爱劳动和致力环保的情感，真正体验在做中学，在学中做。

目前，科普培训涵盖范围已经递延到学生、群众、居民、老师等各个层次。

形式多样的科普活动，调动了大家的学习热情，向公众普及了科学知识，让大家增强了科学素质，在一定程度上提高了科学文化水平。

怀柔妇女网、北京妇女网、中国农业人才网、中国供销合作网等媒体对月亮湖科技服务队均有报道和宣传，月亮湖科技服务队的社会影响力显著增强。

经常参加科技培训的一位刘大爷说："月亮湖科技服务队做的是实实在在的事情，农民看得见，摸得着，面对面的培训让大家学到真东西。"

桃山月亮湖种养殖专业合作社现为中央、市、区三级农广校优秀田间学校，是北京市文明实践基地，还是 2022 年北京市"十四五"规划食用菌创新团队的田间学校，并入选 2019 年北京市民终身学习示范基地品牌项目，获得 2021 年全国巾帼文明岗等 30 余项荣誉。

与此同时，科技服务队带头人宋丽新有了新的身份：共青团中央青年创业导师、国科大大学生创业导师、北京市农广校田间学校校长、北京市农广校客座讲师等。她还获得了一系列荣誉：2011 年被评为怀柔区年度巾帼致富带头人，2013 年被评为首都学习之星，2016 年荣获全国农村创业创新大赛奖，2017 年荣获全国农村创业创意大赛成长组晋级奖，2018 年荣获北京市三八红旗奖章，2019 年被评为北京市有突出贡献的农村实用人才及农民教育培训百名优秀教师，2020 年获得北京市劳动模范荣誉称号。

# 返乡新农人　领跑乡村振兴路

北京绿农兴云果品产销合作社　岳巧云

岳巧云，生于 1983 年，2016 年返乡创业，现任全国人大代表、北京市人大代表、平谷区政协委员、平谷区刘家店镇妇联执委、平谷区农民专业合作社联合会会长。

岳巧云返乡创业扎根农业，创办了绿农兴云果品产销合作社，致力于推动现代农业走规模化种植、高效化生产、多样化经营之路，打造现代农业示范园区和农业新样板，助力加速一二三产业融合发展；在刘家店镇率先开展大桃全产业链社会化服务，帮助农民增产增收，助力乡村振兴。

## 一、敢为人先，做时代"新农人"

其实，选择回乡做桃农并不是岳巧云的初衷，她从小就跟着父母在地里种桃摘桃，她知道一个桃农在酷暑难耐的夏季里摘桃卖桃，在刺骨寒风的冬季里剪枝施肥有多累多难，所以她并不想做一辈子农民。于是大学毕业后，她在北京市内的一家媒体公司工作了十多年。

2016 年，正当她工作上得心应手、职务上稳步提升的时候，父亲的一场重病改变了岳巧云的人生轨迹。他的父亲是平谷绿谷汇德合作社的创始人，回家探望父亲时，发现合作社因无人打理而陷入了困顿，合作社眼见就要散摊子了。她心疼父亲，不愿意让他看到自己奋力打拼出来的一番事业就此终结，更不愿意看到乡亲们因为没有带头人而失去共同致富的路径。在农村，有作为有本事的年轻人实在是太少了。经过深思熟虑，她带着"舍我其谁"的勇气和百折不挠的毅力，毅然辞去了市区的高薪工作返回家乡平谷，在这片深爱的土地上，开启了新农人的创业之路。

## 二、助农增收，开展大桃全产业链服务

一是开展技能培训服务，提升农民技术能力。自创建以来，绿农兴云合作社始终顺应农村劳动力转移和城乡融合发展趋势，发挥自身人才、技术、设备优势，致力于解决目前农村普遍存在的缺技术、缺机械、缺劳动力的"三缺"难题，开展大桃全产业链社会化服务，全面加大对种植农户（尤其低保户、妇女）的培训力度，联合北京市农林科学院北店科技小院这一平台，根据科技小院 10 名专家的专业优势，结合社员和周边果农在生产中遇到的突出问题，定期组织专家开展果园种草、新品种引进、病虫害防治等技术培训，同时为社员和周边果农提供生产资料、技术服务等方面的帮扶指导，引导农户向懂经营、会技术、能管理的新农民转变，增强农户自我发展、增收致富的能力和水平。每年线上、线下双培训 30 余场，培训人数达 15 万人次以上。

二是开展"妈妈式"服务，满足农户多样化需求。岳巧云围绕大桃全产业链社会化服务为果农提供"妈妈式"服务，给农户果园以托底保障。针对季节性外出务工农户和劳动力不足的农户，提供"妈妈式"多种服务方式供农户自由选择。主要服务的项目包括老旧果园倒拉枝型标准化改造、桃果套袋、冬剪、三次服务植保、三次药物植保、机械除草、深沟施肥、迷向丝防虫、防草布防草等共计九大项目。同时，加大智能设备投入，提升农耕设备配套服务。为提高服务效率，合作社购置了 30 台电锯、300 把电剪、20 台自走式旋耕机、35 台打草机、26 台标靶打药机、10 台无人机等智能化设备。果农可根据自身需求，自愿选择服务项目，通过菜单式服务组织运营体系，满足果农社会化服务的多元化需求。

三是为农业现代化聚力赋能，让乡村充满无限可能。利用"互联网＋"搭建销售平台，畅通特色农产品销售渠道，解决农民由增产到增收"最后一公里"问题。岳巧云通过运营绿农兴云公众号、京东店铺绿农兴云饮料专营店、淘宝店铺京淘掏、抖音号京淘农业与绿农兴云、小红书京淘 YQY 等多家网络平台，进行宣传推广、店铺销售、直播带货，助力全区大桃销售。目前，岳巧云创建的绿农兴云合作社有电商销售服务人员百余人，2022 年多平台销售服务农户 3 000 余户，销售大桃约 250 万千克，大桃销售均价每千克 20 元左右，单价提升 6 元，带动果农增收 1 600 余万元。同时，合作社尝试用销售订单推动果农进行大桃标准化种植，用效益吸引果农认可社会化服务，从而实现新技术、新品种的有效推广。

## 三、科技赋农，助力乡村振兴

岳巧云通过绿农兴云合作社大桃全产业链社会化服务改变了土地碎片的小生产经营模式，为实现果园种植机械化、现代化打下了坚实基础。该模式可以降本增效，提高大桃产业的经济效益、社会效益、生态效益和人员效益。

一是实现果园标准化提升和规模化扩产。刘家店镇 2021 年开展老旧果园改造 700 余亩，新建高标准果园 63.6 亩；2022 年开展老旧果园改造 1 080 亩，新建高标准果园 30 亩；经过这两年的服务，刘家店镇 2023 年大桃全产业链社会化服务工作更加有序开展，分别为前吉山村、北吉山村、北店村、刘家店村、胡家店村、万家庄村、松棚村七个村 1 100 余户果农开展倒拉枝服务 2 524 亩，已完成三次服务植保和三次药物植保 2 608 亩、防草布防草服务 4 300 余亩、迷向丝防虫服务 3 777 亩、冬剪服务 1 500 余亩。截至目前，绿农兴云果品产销合作社共计服务果园 5 000 余亩，服务果农 1 100 余户。

二是实现降本增效和质量大幅提升。已开展的社会化服务果农反响好，服务效果好，服务效率高，降低果农劳动成本约 35%，提高果农经济效益 30%，果农满意度达到 98%；对于生态环境建设，迷向丝以及智能飞行喷药机有效降低药物排放 40%。令人欣喜的是，经过社会化服务的果园，大桃品质得到了有效提升，多名被服务的果农在刘家店镇举办的甜桃王擂台上崭露头角。

## 四、"新农人"的乡愁之路

创业六年的风风雨雨，2 000 多个日日夜夜，岳巧云很少好好休息，每天都工作十几小时。平时，她的脑子里总在规划着三产如何更好融合，配套产业如何更快发展，如何更好地带领家乡农民增收致富，助力乡村振兴。想到好方法就立刻去实施去行动，每天都马不停蹄地奔波忙碌着。在岳巧云的时间安排中，分配给家人的时间实在是太少了，儿子从 6 岁到 12 岁，都是自主成长。村里人还打趣她的父亲说："你这个大老粗怎么养出个这么优秀的闺女来？"父亲说："你光看到她的优秀，但没看到她有多辛苦啊。"有一天，岳巧云 12 岁的儿子对她说："妈妈，你帮助了很多人，我为你感到骄傲，你是我的榜样。"那一刻，岳巧云觉得自己所做的一切，都值了！

# 科技养蜂　科普助农　开启甜蜜致富路

北京野馨科技发展有限公司　赵丽梅

赵丽梅，现任北京市平谷区养蜂协会秘书长、北京野馨科技发展有限公司董事长。2015年辞去了市里的稳定工作，带着全家回到了丈夫的家乡平谷，开启了自己的甜蜜事业路。八年来，扎根于平谷养蜂事业，不断引进先进的养蜂技术和养蜂用具，为平谷区150多户蜂农免费培训先进的养蜂技术，发放新式养蜂用具，并和养蜂户一起制定生产标准，签订收购合同，带动平谷区养蜂户一起发展。大胆创新，将养蜂行业一、三产业融合发展创新升级，打造出一套可复制的养蜂一、三产业融合发展模式，使养蜂行业的文旅融合有效带动行业发展。

## 一、服务蜂农，助农增收

公司成立以来，赵丽梅一直把"绿色办企、科技养蜂、助农增收"作为公司发展的宗旨，采取"企业＋农户＋标准化生产"的经营模式，与全区150多户养殖规模在50箱蜂群以上的养蜂大户建立了合作关系，其中相当一部分蜂农是残疾户和低保户，遍及全区十多个乡镇。对于这些蜂农朋友，公司不仅为他们提供技术培训、蜂具发放、产品收购和终端销售等一条龙服务，并坚持以高出市场价20%以上的价格收购原料蜜，让利于蜂农。每到收蜜时节备足货款，不拖不欠，当场兑现，取信于蜂农。

与公司建立合作关系的150多户蜂农大都分布在山区半山区，距公司最远的有五六十千米。考虑到蜂农年龄大，不便于送货，公司购买了一辆冷藏厢式货车，每到收蜜时节亲率公司人员挨户上门收购，5年累计行程万余千米，为蜂农节省运输开支20多万元。为此，蜂农们感动地说："赵总处处为我们着想，可是帮了我们大忙了！"

不仅如此，她还将近几年从上级争取或奖励给公司的200套、价值8万元的新式蜂箱无偿提供给蜂农使用。在她的支持下，熊儿寨乡魏家湾村蜂农刘长龙的蜂群由 100 箱发展到 400 箱，成为北京市新式蜂箱实验基地。

公司自有品牌"金海湖"注册于 1993 年，是土生土长的平谷品牌，荣获"北京农业好品牌""北京优农"等称号。为了把平谷的好产品推荐给更多的消费者，在销售模式上采取线上与线下相结合的模式，线下主要通过体验式销售，线上开有京东旗舰店、抖店等。2022 年特殊情况下，公司将基地体验票和产品通过直播方式在抖店进行销售，累计销售近 3 万单，连续几个月占据抖店本地热销榜、人气榜第一名，将平谷区养蜂户的产品销售一空。

## 二、引进新技术，培训新技能

平谷大部分养蜂户，都有着几十年的养蜂经验，个个都是土专家，但是思想保守，缺乏创新，并且养蜂人群老龄化现象严重，要想使养蜂行业继续发展下去，就必须创新，引进先进的科学技术和产品，为大家科普最新的养蜂知识，将科技养殖应用到养蜂，使养蜂行业出现质的飞跃。对此，协会在 2020 年成立了自己的科技服务队伍，队伍由行业资深专家和养蜂经验丰富的蜂农组成。

赵丽梅不断寻找国内国际新的产品和技术，在基地试验，并在平谷区推广。2018 年，她引进新西兰最先进的自流蜜生产技术，既能降低劳动强度，还能提高产品品质，增强市场竞争力，其经济效益高出普通蜂蜜 5～8 倍。在基地试验取得成果后，针对自流蜜的市场竞争、生产养殖等，为平谷区蜂农进行了五次科普及现场教学培训。并与合作蜂农开展定制生产，助农增收效果明显。公司合作的养蜂户中，至少有十家是残疾家庭，家住熊儿寨乡北土门村的郭进财，养蜂近 30 年，夫妻俩均患有不同程度的残疾，郭进财眼睛几乎看不到东西，虽然患眼疾多年，但喜欢学习，喜欢接受新鲜事物，自己要求加入公司的自流蜜生产。考虑到郭进财参加培训不便，赵丽梅亲自带领专家下户指导，2018 年郭进财家生产了近 500 张自流蜜，实现增收近 40 000 元。2022 年公司又引进了先进的智能蜂箱，迈出了养蜂智能化的第一步。

平谷区有 100 多户家庭从事养蜂，而且大都是夫妻俩全职以养蜂为生，为了发挥女性特长，赵丽梅带领姐妹们学起了自媒体销售，学习抖音、快手等直播销售技巧。她手把手地教大家拍摄、剪辑、上传视频，并将公司商标"蜜小丫"无偿给大家使用。经过十多场的理论和实践培训，近 50 名姐妹熟练掌握了自媒体销售，做起了新农人。为了丰富大家的产品，她将公司开发的蜂主题文创产品和手工 DIY 产品制作课程免费分享给大家，带领姐妹们共同发展致富。

## 三、开展大众科普，学习蜜蜂精神

随着大众对健康意识的逐渐提高，蜂蜜、蜂王浆、蜂花粉等蜂产品越来越被大家认可，但是大众对蜂产品相关知识几乎没有什么了解。什么是蜂蜜？蜂王浆是蜜蜂采集回来的吗？蜂蜡在蜂群里起什么作用？对我们人体又有哪些益处？源于白垩纪的小蜜蜂，为什么今天依然可以给我们酿造香甜的蜂蜜？为什么说蜜蜂是"月下老人"？蜜蜂精神都有哪些？看似简单的问题，对于大众来说却每一个答案都是问号。面对如此情况，作为养蜂专业组织，协会有义务和责任为大众科普蜂产品及蜜蜂精神相关知识。

针对大众科普，采取走进来和走出去两种方式。"来园区的每一个人，通过体验，了解蜜蜂文化、学习蜜蜂精神。"这是赵丽梅打造蜜蜂文化休闲体验区的最初目的。她将始建于1976年的养殖基地打造成"寓教于乐、融蜂于趣"的欢乐蜂场科普休闲体验园区。园区现有专兼职教师20名，并针对中小学生、亲子、社会团体等不同年龄段的对象，开发了"走进神奇的蜜蜂王国""演绎蜂箱里的故事""蜂箱里的数字秘密"等十多种科普体验课程。园区每年接待学生、成人和亲子团队几万人，有效带动了周边民宿、餐饮、果蔬合作社发展，接待旺季雇用周边村民打工，最多每天可达20人。

2023年以"把科学的种子种进青少年心中，让科学与青少年携手助力乡村振兴"为宗旨的小蜜蜂倍特科学实验室落地并投入使用，针对科技农业、科

技蜂业等开发不同的实验课,通过让青少年自己动手,培养青少年爱科学、学科学、用科学的热情,在学中玩,在玩中学,在动手动脑探究实践的过程中激发探索科学的兴趣,树立科学态度,提升科学素养,培养科学精神。

几年来,公司针对养蜂新技术、蜜蜂授粉、巢蜜生产技术、自媒体销售、智能蜂箱使用方法、蜂毒提取方法等组织培训 50 余场,累计科普人数 300 人左右。基地接待亲子、青少年及社会团体等达 10 000 余人次。

# 桃花耕耘解痛点　科普工作助发展

北京互联农业发展有限责任公司　杨国栋

杨国栋，土生土长的北京平谷大华山人。生于 1986 年，名校毕业后却接过父亲的接力棒，一头扎进桃园里辛苦耕耘，成为新时代高素质农民。10 年前，他返乡创业，创立北京互联农业发展有限责任公司。全身心投入大桃产业服务中，积极开展农村科普宣传，传播科学思想、科学精神、科学方法；建立农业田间课堂、农民夜校、网络大课堂，线上线下结合进行实用技术培训，提高农民素质；引进新品种，推广先进实用技术，开展农业全程社会化服务。直面"土地碎片化、人口老龄化、产业低效化"等难题，希望通过科普宣传、高素质农民培育、先进实用技术推广、农业社会化服务，使平谷大桃的金字招牌擦得更亮，让桃农从土地里真正刨出金。如今，科普服务面涵盖北京 8 个郊区，辐射河北、天津部分地区，服务 6 万余农户。

## 一、科普宣传转观念，推广服务解痛点

杨国栋的祖辈、父辈都种桃。面朝黄土背朝天，却挣不到多少辛苦钱。考上好大学，走出桃园，这是很多平谷人的朴素愿望。2005 年，杨国栋考上了 211 重点高校——中南财经政法大学，主修经济和法学双学位。毕业后，在北京一家央企工作，工作体面，工资还很高，他成了街坊邻居人人羡慕的"别人家的孩子"。2012 年，与父亲一次深谈后，他的职业之路陡然转向。父亲杨永起是一名老党员，任大华山镇农业技术推广站站长，也是一名老的农业科普工作者，曾踏遍镇里的每一个村，在田间地头开展科普培训。他对杨国栋说："咱平谷大桃是响当当的金字招牌，但你看看，种桃的年轻人越来越少。再过几十年，谁来种桃？桃产业该靠谁？"这样的担忧深深触动了 27 岁的杨国栋，他毅然辞职，接过父亲的接力棒，去农业技术推广站从事农村科普工作，与农

业、农民打交道。几年历练积累，2015年，杨国栋注册成立了北京互联农业发展有限责任公司，开始脚踏实地进行农村科普、技术推广和社会化服务工作，破解"谁来种地"、"怎样种地"及"如何节支、增收"痛点。

他琢磨出了平谷桃产业面临的几大问题。一是土地碎片化。农业机械根本派不上用场。二是人口老龄化。从业桃农平均年龄65岁左右，体力差、科学种植意识淡薄、技术措施落实不到位。三是产业低效化。桃园几十年没有轮作，土壤菌群失衡，大桃品种退化，只有以科学普及、示范推广服务为突破口，才能带来改变。因此他积极走出去听讲座，参观考察，翻阅书籍，学习国外农业先进理念。他发现，日本一对70岁的夫妇可以轻松管理50亩农田，平谷的两名桃农却只能管理5亩桃园。差距就在于农业机械化率不高。因此，他开始尝试机械植保。2017年流转和托管土地，将零星的桃园连成片。引进了25万元一台的日产高效果林弥雾机喷药防治病虫。不但让效率提高了20倍，还省下了一半的药剂，十里八乡人人称奇。

## 二、引智引技抓科普，助力农业转型升级、高质量发展

近年来，通过市、区科协领导的牵线搭桥，杨国栋先后与中国农业技术推广协会、中国农业大学工学院、科技小院工作站、科技特派员工作站、中国农业科学院郑州果树研究所、北京市林业果树科学研究院、北京市植保站、林保站等高校科研院所建立合作关系，推进农业科研创新，搭建技术推广服务平台，助力农业转型升级、高质量发展，创建以专家、农技干部和技术员为载体，农民主动参与的科普服务队伍，开展科普推广、科技创新和社会化服务工作。

一是实施科普惠农工程、开展科普品牌宣传活动，提高农民科学素养。自2018年以来先后实施了优质安全平谷桃全程服务科普示范，以及科普惠农创新平台，平谷科学嘉年华——助力农科创 培育新农民等科普活动。建立科普驿站，搭建互联网＋桃园科普服务平台，以科普培训、专家讲座、进村入户咨询指导，召开研讨会，印发科技早知道明白纸、科普挂图和宣传彩页等，以图文并茂、简明易懂的方式开展科普工作。

二是请来专家，给乡亲开办公益大课堂。很多桃农埋头耕种几十年，一旦碰上天灾就折本儿，更别提引进新品种、学习新技术了。杨国栋一直有个心愿：给乡亲们开办公益大课堂，请专家授课，教他们种桃、卖桃，共同擦亮平谷大桃的金字招牌。

2018年开设农民田间大课堂，开展田间地头现场实用技术培训、咨询和指导，共培训1 500人次。2019年举办金种子培训班，开展室内培训，以示范户、种植能手为对象，采取试验、示范、理论、实践、观摩结合的培训方式，

培养"现代桃产业建设者、引领者"80名。2020年，公益性"互联农业大课堂"开讲，课堂集"动、讲、论、交、问、答、学"于一体，提出"网络视频大课堂　农民有事我帮忙"的口号。开设四档栏目，第一档是"农时到了我必讲"，发布技术视频；第二档是"农民有问我必答"，果农碰到问题，可语音或视频咨询，专家现场解决；第三档是"高手在民间"，为乡亲介绍身边榜样；第四档是"放眼看世界"，推介全世界的先进农业经验。桃成熟季在果园进行现场直播，带动果品销售。公益大课堂越做越红火，覆盖全区166个村，几乎每户桃农都知道"互联农业大课堂"，吸引全区12 400名果农，在线学习完成技术问答534题，制作生产案例与知识小视频113套，现已累计播放67万次，浏览学习65万人次。

三是科技示范推广服务做给农民看，领着农民干，带着农民赚。与中国农业大学张福锁院士带领的科技小院工作站合作，开展基于平谷桃标准化、高品质集成配套技术推广应用研究，为桃产业标准化、现代化可持续发展总结实践经验。

建立果树良种繁育基地，促进品种更新升级。与北京市林业果树科学研究院、中国农业科学院郑州果树研究所合作，先后引进果树新品种50多个，年繁育优种苗木10万株，为果农提供优新品种及苗木，保持品种优势。

实施高值桃园、数字桃园、智慧日光温室等试验示范，通过高标示范，精心培育新型桃农，加速打造"科技桃、文化桃、诚信桃、致富桃"，推动桃产业提质升级，培育形成高品质、高辨识度的平谷大桃新品牌，打造了"蜜多邦"企业品牌。

四是开展菜单托管式社会化服务。从2016年开始至今承接北京市蔬菜绿色防控项目，土壤消毒等机械化作业服务面积达3 000亩；同时每年为农户、企业、合作社开展机械病虫防治、果园耕作、除草、施肥、果树修剪等菜单托管式服务5万亩次，服务范围覆盖京津冀地区。

2021年开始实施平谷区桃全产业链社会化服务试点项目，以实现"农民组织化、经营规模化、服务社会化、水平专业化"为主线，按照"六选"即选品种、选园地、选果品、选人、选技术和选生产资料原则，2023年完成老旧桃园标准化改造2 000亩，建成高标准示范桃园300亩；按照农户自愿的原则，探索以销售带动社会化服务新模式，培养懂技术、懂营销、懂管理的高素质农民。

# 三、科普活动成效显著

几年来的科普服务工作已涵盖北京8个郊区，辐射河北、天津部分地区，每年印发科技早知道明白纸 2 万份、科普挂图 0.2 万本、宣传彩页 5 000 份，公益大课堂培训覆盖 40 多万人次，社会化服务覆盖年 10 万亩次，培养科普服务队伍 120 人，培养科技示范新农人 10 人，培养中高级果树修剪能手 6 人。

近年来，开始尝试机械旋耕、无人机植保、机械除草、施肥等机械作业服务，组建 400 名服务队员开展服务工作，以较低的收费帮助桃农利用机械开展植保除草、深沟施肥等工作，实现了提质增效。桃农的活儿轻省了，虽然付了服务费，总收入却增加了。现在，平谷区共有 230 户果农把自家果园托管给杨国栋打理，面积达 1 500 亩，产品质量大幅度提升，果实含糖量提高 3°～5°，亩年增收 1 100 元。

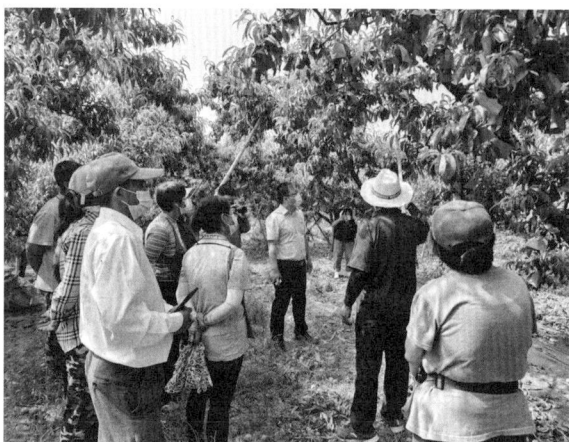

# 送科普进万家

北京兴农天力农机服务专业合作社　陈　领

　　北京兴农天力农机服务专业合作社的领路人——陈领，生于 1961 年，1982 年 4 月加入中国共产党。几十年来，他始终扎根在顺义农村这片平凡的土地上，保持年轻的心态，是年轻人学习的榜样。他总说："我的 60 岁分三个阶段，每个阶段都是 20 岁。20 岁，正值青春岁月，以梦为马，以汗为泉，不忘初心，不负韶华。"在这朝气蓬勃的"20 岁"年纪里，他每天都以饱满的精神状态迎接每一个充满阳光与希望的早晨。他先后被评选为北京市劳动模范、享受北京市政府津贴的技师、北京市农村发展"十大"杰出典型及北京市高级农村实用人才，2022 年被评选为"大国农匠"。

## 一、组织成立合作社，推动农业现代化

　　2008 年，陈领带领社员成立了北京兴农天力农机服务专业合作社。他与社员共同筹集资金，并在北京市各级政府补贴资金的大力支持下，购置了各种崭新的现代化农机装备。经过多年的发展，他带领合作社全体社员流转了周边村庄 16 000 亩土地，进行规模种植，打造了北京市粮食种植的万亩示范方。土地流转后合作社实施统一种植、统一管理、统一销售，极大地提高了现代化农机作业效率，提高了粮食产量，带动了社员和周边农户增产增收，真正实现了农业现代化。

## 二、三产融合，发展循环农业

　　合作社积极实行三产融合发展，在连年粮食丰产的前提下发展籽种农业，提高小麦价格，并实行秸秆综合利用等。农作物秸秆回收后作为牛、羊的青贮

饲料，牛、羊的粪便又作为有机肥投入农田，增加土壤有机质，逐渐形成循环农业，节省了成本，实现了绿色生态农业发展。除此之外，为打造健康、安全、绿色的蔬菜，他还带领社员种植了 1 000 亩有机蔬菜，严格的规章制度和优质的种植基地环境为提高蔬菜品质奠定了坚实基础。优良的品质赢得消费者交口称赞，合作社的品牌也于 2018 年被评为北京市农业好品牌。

## 三、培训科普双抓手，培养新时代智慧农民

围绕提升农民基层干部管理、基层组织建设、乡村治理等方面的能力素质，以党史党章学习、中华优秀传统文化之家文化建设、文明礼仪等为主题，组织开展"兴农讲堂"——美丽乡村行系列培训，不断提升农民的综合素质，不断提升乡村社会文明程度，打造农民文明健康的精神家园。

服务农民，开展各类农业技术教育培训讲座，教会农民如何科学发展农业经济。针对农民种植特点，积极开展农业技术宣传活动，培训农业技术常识、农业病虫害防控知识、休闲农业发展及农业三产融合相关知识。

整合科普资源，开展内容丰富的科普进村活动。在陈领的带领下，合作社作为顺义区新时代文明实践基地、北京中小学生大课堂实践单位，于全国科普日、园区丰收节等节庆活动期间，在园区多次开展包括农耕文化体验、农机技能竞赛、中小学生大课堂科普农耕等农业科普展览和科普活动，致力于京郊农民专业技能提升和科学素质提升，让他们多渠道了解掌握科技信息，运用适用技术，学会经营管理。

陈领还邀请农业方面的专家进行了农业知识科普讲座，鼓励农民因时因地制宜，多方面发展农业经济。宣传推广通过手机获取农业管理及种植技术和农业政策法规等相关信息的多种途径，促进农民科学素质提升和审美提升，成为新时代的智慧农民，推动美丽乡村建设。

未来，陈领将继续带领合作社成员做好科普宣传资料的发放工作，继续组织农民开展农业技术观摩活动，充分发动农民科学种植的积极性，增强农民科普意识。重点突出科学技术教育，继续深化科普工作，继续加大科普宣传力度，不断完善科普教育成果。发动广大党员、志愿者共同参与科普建设工作，形成广泛的爱科学、学科学、懂科学的氛围，利用科学增收致富。

# 顺"时"而为　不忘初心

北京绿奥蔬菜合作社　侯　鹏

侯鹏，北京绿奥蔬菜合作社副总经理。自 1999 年进入北京市顺义区大孙各庄镇果蔬服务中心工作以来，一直致力于服务大孙各庄镇蔬菜产业，带动农户共同致富。随着农民专业合作社的兴起，他转变思路，积极引导，以镇蔬菜产销服务中心为基础，由原来的帮助农户卖菜，转变成把菜农组织起来，和市场对接，发展农户加入，成立了农民专业合作社——北京绿奥蔬菜合作社。2004 年注册了"绿奥"牌商标，把市场意识、品牌意识融入农业的生产经营之中。他带领合作社以自有基地与科研院所合作，引进推广蔬菜新品种、新技术 40 多项，入社农户由 6 户增至 372 户，辐射带动农户 3 000 余户。

## 一、抓住时机，发展科技助农

20 世纪 90 年代末是京郊顺义保护地蔬菜快速发展时期，为使日光温室蔬菜生产获得高效益，侯鹏积极学习，在本乡镇重点推广了黄瓜嫁接和番茄换头两项技术，种植黄瓜、番茄亩收入达到 3 万元，极大地调动了农民投资建温室的积极性，全镇温室面积发展到 5 000 亩。这也使他看到了科技的力量，从心底坚定了推广农业技术、服务农民的决心。

## 二、顺"时"而为，完善科技服务

顺"时"而为，在国家发展的不同阶段，完善科技服务方式和质量。21世纪初，乡镇电子科技还很稀缺的时候，侯鹏多方了解当地种植水平高的农把式，将他们吸收进合作社，成立了农技服务队。每天开着货车带着大喇叭，将农业信息、农资和技术等送到田间地头。

几年后，在国家政策扶持下，合作社逐渐建设了田间学校，创建了科普宣传走廊，将农业政策制作成宣传栏，将收集的农民普遍关注的生产问题，有针对性地请相关专家教授给予讲座授课或田间现场指导。通过政策学习、田间学校学习，合作社的农技服务队素质也有了很大提升。

随着电子产品逐渐走进百姓家，科技服务变得更方便了。合作社与科研院校的老师签订服务协议：农民有问题，首先农技服务队解决，解决不了的直接给老师打电话或者视频咨询，生产中的问题都得到了及时有效的解决。合作社建设了多媒体教室，创建了微信公众号，成立了科普服务小组，与专家老师的合作更加紧密，农业知识和技术的科普范围更加广阔，科普服务人员更加专业。

## 三、辛勤耕耘，收获累累硕果

多年来，在侯鹏的带领下，合作社农技服务队不仅提升了自身水平，更通过交流、发放宣传材料、组织讲座、田间观摩、线上会议、抖音视频等方式将农业政策、新品种、新技术、绿色有机种植方式和生产标准等宣传推广到田间地头，提高了农民文化素质和种植水平，提高了土地效益，辐射带动大孙各庄镇及周边乡镇以及合作社外埠基地的 6 000 多户农民提高经济收入。

合作社连续多年被评为"北京市科普惠农兴村先进单位"。

侯鹏本人在 2008 年获得北京市农业技术推广奖一等奖，2014 年获得蔬菜集约化育苗技术推广先进个人荣誉称号，2019 年 12 月获农业农村部 2016—2018 年度全国农牧渔业丰收奖（农业技术推广成果奖）一等奖。

农技服务队的队员也获得了专利权、丰收奖及科普相关奖项。

农业是根本，土地的收获，农民的收益，每一项成果都吸引着社会的广泛关注，顺义新闻、顺义时讯、河北新闻网、张家口新闻网、张家口市万全区长安网、中国农业网、搜狐网等对合作社的科普服务进行了报道和转载。

## 四、不忘初心，助力脱贫攻坚

2018 年合作社积极响应镇党委、政府对河北省张家口市万全区的对口扶贫号召，对口帮扶万全区高庙堡乡贫困村黑石堰村，充分发挥合作社科技服务的作用，协助建设大棚，发展绿色蔬菜种植，实行订单式生产，提供全程技术支持和农资投入品帮扶，保证回收产品。在侯鹏的带领下，形成了党支部＋合作社＋扶贫基地的扶贫模式。

2018 年侯鹏与镇领导 4 次去万全区进行扶贫对接工作，通过调研、商榷，达到了初步的帮扶意向，即建设蔬菜产业园。高庙堡乡黑石堰村在 2018 年利用顺义区帮扶资金共计 140 万元，建设占地面积 34.2 亩、每棚占地 1 亩的春秋棚 27 座，打造了黑石堰绿奥蔬菜产业园。

2019 年侯鹏与高庙堡乡黑石堰村签订了 27 棚的贝贝南瓜生产订单，协调安排扶贫基地的种植户及相关人员来合作社实地考察学习贝贝南瓜生产技术，参加合作社组织的专家培训讲座。为没有经验的大棚南瓜种植户安排了合作社党员负责基地的育苗工作。同时他多次实地指导，送去南瓜苗、有机肥并进行相关技术指导，使黑石堰村 9 户贫困户获得稳定收入，减贫带贫效果显著。为促进贫困户增收，加快带动致富，又安排种植一茬生菜（品种有球生、罗马绿、西班牙绿），提供从播种育苗到采收的全程服务指导。

种植户全年增收 6 938 元，与万全区其他种植户棚均收入 1 000 多元的情况相比较，收入相当可观。另外，该项目实现黑石堰村村集体年增收 3 万元，受益贫困人口达 433 人。

## 五、服务农民，做好科普服务

新冠疫情防控期间，合作社组织线上讲座或者转发上级单位科技服务讲座，由于农民不会用手机观看，农技服务队队员便通过电话指导农户下载、扫码、进入会议等，会议前半小时再打电话提醒一次。

谈及今后的工作，侯鹏表示，建议高素质农民开展科普工作，以美丽乡村建设为导向，以农民实际利益为出发点，以政策为指引，重点在开发农村创意，引进新技术、新品种，提高农产品价值，提高农业废弃物有效利用率等方面加强引导，保障土地可持续利用、生态环保不污染。

# 敬业奉献　不忘初心

北京市顺义区北小营镇东府村　薛新颖

薛新颖，生于 1979 年，中共党员，武汉大学学士学位。2011 年创建北京硕丰磊白山药产销专业合作社，任理事长；2015 年创建北京海昌农机服务专业合作社，任理事长；2017 年任北京市顺义区农学会会长；2022 年，被推举为顺义区政协委员、北京市人大代表，同年服从镇党委安排，担任北京市顺义区北小营镇东府村党支部书记。

## 一、心系农村，立志科技兴农

2017 年担任顺义区农学会会长以来，薛新颖发现传统的耕作方式、落后的设备条件、匮乏的科学技术和低下的管理水平，压得对土地有着浓厚感情的传统农民喘不过气来。农民们非常辛苦，他们付出很大的心血，但收入却比较低，过着相对贫困的日子。于是她下定决心改变现状，立志让千千万万父老乡亲，从传统的耕作方式里走出来，让他们面朝希望。

薛新颖认识到了科技的力量，她想要通过科普宣传，提高农民种田的能力，使他们在农业生产和销售中得到现代科技的支持，达到科技兴农的目标。她希望在作为农业大国的中国长大的孩子们，可以通过农业科普，认识五谷，了解农业，增长农业知识，感受农耕文化，爱上农业农村，亲近大自然，理解粮食来之不易，养成珍惜粮食的好习惯。

## 二、深入科普，提升科普体验

线上和线下相结合，线上进行理论指导，线下进行实际体验和教学，开展田间课堂。在科普飞防植保技术时，让学员们上手体验无人机操作飞行，切身体会到高效率、高科技含量的现代农业作业带来的便捷和节能增效。

在顺义区农学会的小麦大观园里设置智能科普系统，用 3D 技术进行展示，让参观者在佩戴 3D 眼镜后身临其境感受小麦从种植到收获的全过程，使得科普活动不再只是单纯的看和读，而成为全感官体验。针对小朋友们的小麦科普，组织他们动手，尝试着用石磨磨小麦面粉。

在通过科普工作进行扶贫对接时，赠送了沽源县一块智能电子触摸屏。该智能电子触摸屏连接 U 盘，可以进行网络链接和离线视频播放。网络不好时，可以看 U 盘里面储存的课程。由于沽源县种菜的农民较多，所以储存的课程多数是种菜教学视频。

## 三、不断学习，收获兴农成效

薛新颖多次参加市区组织的培训、观摩及技术人员现场指导活动，不断总结自己所学的适合本地区的技术和经验，并将转化后的成果分享给周边的农户和学员。她积极对接顺义区农科所、植保站等农业技术部门，主动求教，学习研究作物新品种、新技术等相关知识。共同示范和推广了优良品种及配套技术，实现了"科技人员直接到户，良种良肥直接到田，技术要领直接到人"。

理论联系实际，结合本地区情况刻苦钻研，薛新颖提出了详细的全程生产技术方案，组织人员严格落实，成功解决了小麦缺苗断垄、穗数不足、产量不高等问题。勇敢选择新品种，践行科学管理，实现了小麦的增产增收。与多家技术单位合作，开展测土配方施肥、良田减肥增效、休耕轮作等项目，掌握了粮田测土平衡施肥、氮肥后移、节水灌溉、科学除草等技术，促进了粮食连年增产增收。这些顺义区农学会开展的试验、管理和收获项目，累计有 2 000 多人参加，他们在活动中观摩操作，接受培训。

农学会多年以来一直和北京市植保站、农业技术推广站和土肥站及顺义区植保站在基地进行科技实验示范项目的示范和推广。同时建立起小麦和玉米新品种、新技术示范田，使优良品种得到了大量推广和应用，促进了粮食产量增加和品质提升，使粮食连年增产增收。建立的鲜食玉米新品种引进筛选示范田，筛选出了 2~3 个适合本地区种植的鲜食玉米品种，经过努力，累计推广 1 000 余亩，带动 150 户以上农民种植。又建立了小麦籽种繁育田，与售种企业签订了销售合同，形成了产、供、销一条龙现代化农业生产格局。

在上级领导的举荐下，基地被评定为"顺义区新时代文明实践基地"。以小麦科普为载体，开创农耕文化和食农体验教育活动，弘扬中华优秀传统文化，扩展农业的文化功能和教育功能。逐步转变发展方式，积极引种优质甘薯、鲜食玉米、食用百合、休闲豌豆、酿酒高粱等作物，并对它们进行科普宣传。

## 四、培育高素质农民，助推乡村振兴

薛新颖积极投身农民培育事业，与中国农业大学、北京农业职业学院、顺鑫大学等高校合作，实现农校对接，打造优势科学教育培训基地。她被市农广校聘请为客座讲师，还入选全国共享-农业创业培训师资，培训高素质农民和农村致富带头人累计达 3 000 多人次。

热心公益，不忘初心，推动脱贫攻坚。薛新颖积极参与美丽乡村建设工作，通过知名社会公益组织北京农禾之家，引进中国社会科学院、中国农业大学的专家学者和各类社会志愿者，积极投身实施乡村振兴战略，组织开展农村儿童教育、中老年健康教育、各类文化活动和农村和谐社区建设活动，为美丽乡村建设出力。

薛新颖作为企业代表前往张家口市万全区洗马林镇洗马林村和沽源县闪电河乡黑山嘴村等地对接扶贫协作，围绕脱贫攻坚任务，开展扶贫助困工作，发挥党和政府密切联系群众的桥梁和纽带作用，助力帮扶单位脱贫奔小康。

积极落实对口帮扶，对张家口市沽源县二道渠乡二十四村进行扶贫助困。针对当地的农业种植结构特点，开展教育咨询、专业技术帮扶、人才帮扶等扶贫工作，实现有效帮扶；组织吉林、河北、内蒙古、西藏等多地代表举办培训活动，开展小麦大观园科普教育活动、高素质农民培训活动、农村实用人才培训活动等。积极与沽源、巴林左旗等扶贫助困地区达成合作意向，共同组建农业联合社，共建农业发展命运共同体。

作为村党支部书记，薛新颖带领百姓积极抗击新冠疫情，服务居民开展各类健康教育讲座。积极对接顺义法院李遂法庭，在东府村进行普法宣传，帮助邻里间化解矛盾；组织进行国际劳动妇女节妇女权益宣讲，为村中妇女提供咨询和帮助；开展芽苗菜讲座，让老百姓可以在家中科学、健康种菜；开展节水讲座、垃圾分类讲座等系列科普活动，提高村民的环保意识和节水意识。

# 打造农业科普的生力军

北京金旺果品产销专业合作社  王崇平

王崇平，北京金旺果品产销专业合作社总经理、北京葫芦娃生态农业有限公司法人代表、顺义区政协委员，从事农业27年。

1996年2月开始自主创业，承包荒山种植苹果树。2008年任职北京金旺果品产销专业合作社总经理。2012年被农业部人事劳动司授予"农村高级实用人才"称号。

带领合作社利用直播、短视频等，建立新媒体传播矩阵，带动年均销售额80万元。合作社实现自己销售的同时，也带动合作社社员的果蔬销售，产生近10万元的效益。2022年通过邮政线上直播平台售卖车厘子、苹果、鸡蛋、蜂蜜等农产品，获得收益15万元左右。

截至目前，合作社推广新品种300余亩，培养了20余个专业技术能手，商品果率从40%提升至70%，实现每亩增收500元，带动和辐射种植户100余户，新增当地农村就业20余人。

## 一、这将是我毕生的事业

王崇平从小就生活在农村，参加工作后，怀着对农业的眷恋，回归农业。"每年的中央1号文件都与农业有关。这也更加鼓舞我投身农业。"王崇平坚定地认为，农业是一份体面的事业，至今她已经从事农业27年。"这将是我毕生的事业"，王崇平说道。

俗话说教育从娃娃抓起，农业同样是这样。如何做好农业的传承，是王崇平一直思考的问题。她首先想到的就是农业科普。农业科普给农业插上科技的翅膀，让农业成为有含金量的职业，让农业事业在大众中得到传承。

## 二、完善科普设施，提高培训能力

打铁还需自身硬。做好科普首先就要把自己武装好，打造好基地。北京金旺果品产销专业合作社位于顺义区东部的张镇，属于顺义区经济发展较弱的地区。合作社水、电、网，以及公共卫生间、停车场、硬化路面等基础设施配备完善。为了更好地加强科普功能，合作社修建了 300 平方米的培训教室，300平方米的肥料车间，800 平方米的分选、包装、保鲜库以及 70 平方米就餐室、40 平方米办公场所等硬件设施；配备了投影仪、笔记本电脑、农残检测仪、测糖仪、旋耕机、弥雾机、割草机、粉碎机、运输车等设备；引进新品种车厘子、苹果、榛子等 20 余个品种。设置果树田间管理、采收分级、产品追溯体系等课程，购入《汪景彦的苹果经》《有机农业基础知识 200 问》《生命之源——堆肥农业与园艺》等教材 500 余册。

丰富社员科学知识，提高科普能力。在农业科技人才方面，合作社所在基地共有员工 15 人，组织实行专业化管理，拥有乡土专家 2 人，高级实用人才3 人，中级实用人才 1 名，技术管理员 10 人。合作社社员作为基层农业科普的宣传者，对部分农业管理的工序比较了解，但是在农业科普专业知识上仍旧匮乏，为了提高社员的科普能力，合作社邀请农业科普专家每年开展不少于 8次的科普宣传和技术指导，切实提高社员科普素养，掌握科普技能。合作社先后聘请汪景彦研究员、马宝坤老师、张文和老师等为常年顾问，进行交流。合作社还与北京各大院校紧密联系，探索新品种、新技术在果树生产中的作用。在此基础上，合作社打造了一支专业知识精深、实战经验丰富、素质过硬的科普队伍。

## 三、科普进社区、进校园、进社会活动

科普进社区。合作社开展科普宣传，打通城乡壁垒，让社会大众更加关注农业。王崇平等人响应顺义区科委、科协等单位的号召，走进胜利街道怡馨家园等社区，开展科技活动周系列宣传。为社区的百姓讲解农作物科学种植、农产品科学食用、生活妙用等相关知识，活动惠及 2 万余人次。

科普进校园。学生是科普教育的主体。通过邀请中小学、幼儿园的学生走进大自然，走进合作社的基地，零距离接触农业生产、采收、加工和销售过程，为他们科普农业知识，受众学生 1 万余人次。

科普进社会活动。科普应贯穿于全年的各个时间点，合作社积极组织耕种节、农旅文化节、丰收节等活动。五一期间，举办了红薯文化节活动，来自北

京市区的数百个家庭，来这里体验农事教育，同时技术人员作为志愿者，开展科普宣传。在丰收节蔬菜水果摊位，摆放宣传展板，为大家讲解农业知识，让大家免费品尝果蔬。每年合作社还会接待一定数量的社会团体及高校大学生等对农业感兴趣的机构和人群，开展更具有实用价值的科普活动，这部分人群每年有近 1 000 人。

王崇平作为农业农村系统的百姓宣讲团成员，还参加了北京市农业农村局组织的宣讲，她多次进入顺义区行政中心、顺义区生态环境局、顺义区农业农村局等相关企事业单位进行农业方面的宣讲。

# 生态农业领路人

分享收获（北京）农业发展有限公司　石　嫣

石嫣于 2012 年创办分享收获农场，之后建立电商平台，连接全国各地的农户，对生产基地严格把控、挑选。同时开展新农人培训，手把手教他们做农业，还帮他们销售农产品，当前与农户合作签约有 360 户，销售渠道有 116 家，年销售额近千万元。提供 80 余个就业岗位并直接解决所在地 20 余位妇女就业，多年来与所在地周边村内做豆腐、种食用菌、培育芽苗菜、进行生态养殖的农妇合作，带动她们增产增收。

## 一、推广社区支持农业 CSA 理念和实践

2008 年石嫣公费去美国务农半年，学习国外的社区支持农业（CSA）模式，她是国内第一位公费去美国务农的学生。回国后，于 2009 年她将这种模式引入中国人民大学位于海淀区的产学研基地，短时间内得到了广泛关注。2012 年 5 月，石嫣又成立了分享收获农场，截至目前每年服务北京 1 600 多户会员，并在北京通州、顺义及东北地区等多个合作基地推广公平贸易及生态农业的理念。

石嫣带领团队于 2015 年承办了在北京市顺义区举办的第六届国际社区支持农业大会暨第七届中国社会农业大会，参会人数约 800 人（含国际嘉宾 80 人）。2016 年在浙江省丽水市莲都区举办了第八届 CSA 大会，2017 年在贵州省铜仁市碧江区举办了第九届 CSA 大会，2018 年在四川省成都市郫都区举办了国际社会生态农业高峰论坛暨第十届中国社会生态农业 CSA 大会，这三届参会人数均达 1 000 人。2019 年在广东省肇庆市举办了第十一届中国社会生态农业 CSA 大会，参会人数 800 多人。2020 年第十二届社会生态农业 CSA 大会在线上举办，参会人数累计 50 万人次，大会对当地及社会生态农业与乡村振兴产生了一定影响，对中国的生态农业发展起到了很好的推广宣传作用，同

时增进了海外同行对中国社会生态农业的了解。

## 二、建设培训基地

2016 年开始组织农场经理人、新型职业农民培训，研发新农人 CSA 实训课程，开展"半耕半学"式的田间训练。2017 年正式开展新农人培训班，以培养真正"一懂两爱"型人才为目标，培训基地设在北京市顺义区龙湾屯镇，每年培训约 200 人次，目前已举办了 41 期培训，共培训了 2 000 多人次。

## 三、开展大地之子环境、食物教育项目

将农场和学校联系起来，把学生带到农场，把学校建到农田，以"探究式"和"体验式"相结合的模式进行宣传。在联合国粮农组织（FAO）、红十字基金会等组织的支持下，在呼家楼小学、海嘉国际学校、顺义区东风小学发起了大地之子食农教育活动，并于 2017 年出版《大地之子食农教育手册》，2021 年出版《新农人耕读手册》。

## 四、宣传中国农耕文化

自 2010 年以来，石嫣博士参加了近百场国际会议，走访了数十个国家，在社会生态农业领域有一定的国际影响力，并于 2018 年被聘任为联合国粮农组织国际农业创新大会组委会委员，分享收获农场的案例也收录在联合国粮农组织的可持续农业案例库中，石嫣还走进国内高校为学生们讲授生态农业知识。

## 五、推动各地合作社成立

石嫣也在积极辅助各地的省级合作社建设，希望将松散的生产者联合起来，构建全国两级 CSA 产销合作社，建立行业标准，团结省内各农场的力量，解决 CSA 农场发展过程中面临的各种问题。目前，北京、四川、云南、福建、宁夏、山东、广东、安徽、江苏、河南、河北、山西、贵州等地已经成立了合作社。通过合作社检测产品可以节省 50% 的费用，物流方面可以有 4～5 折的折扣，且以实惠的价格买到生产物资，大大地减少了生产者的生产成本，在销路上也帮大家减少了滞销问题，让更多从事生态农业的农友有信心继续做下去。未来将继续让这些怀揣梦想的新农人抱团发展、团结互助。

# 河　北

## 发挥技术服务引领　助力乡村果业振兴

青龙县茨榆山乡君梦达家庭农场　郭　猛

郭猛，从事林果生产 30 余年，独自承包山场，建立山地果园 200 余亩，栽植板栗树 1 万余株。具有丰富的生产实践经验，科技创新技能扎实，林果科技知识传播能力强，热心无偿传授林果专业科学技术，主动为当地广大果农提供科技指导、政策解读等服务，指导和帮助基层广大果农解决林果生产中的很多技术难题，被称为青龙县的"板栗财神"。郭猛成立的青龙县茨榆山乡君梦达家庭农场，被评为秦皇岛市生态板栗园示范基地，每年接待参观考察学习的技术人员及栗农 100 余次 2 000 余人，负责茨榆山乡 5 个村的果树技术指导与推广工作，平均每年到实地实操培训 50 余场次。郭猛还在青龙县 5 个合作社担任板栗管理技术顾问，负责指导板栗周年管理新技术，产生了良好的经济效益、社会效益和生态效益，平均每亩增收 500～1 000 元。

## 一、发挥技术引领，带动果农致富

果园规模不断扩大，加之板栗品种低劣，传统技术落后，制约了果树生产的可持续发展。郭猛自觉参加果树技术培训，找专家拜师学习，得到河北省农林科学院昌黎果树研究所的王广鹏所长和张树航主任亲自传授的最先进最科学的板栗轮替更新修剪技术。学成之后，郭猛第一时间将新品种、新技术、新成果带回，自己在果园中率先实践，积极广泛传播先进的果树管理技术，使果树新品种、新技术、新成果得到快速推广和普及。2017年与河北省农林科学院昌黎果树研究所合作后，实现了板栗的提质增效，山地平均亩产量达到100千克以上，并且树势强健，丰产稳产，没有大小年现象，亩增效益1 000元以上。每年为广大栗农提供硕丰等板栗优良品种接穗10余万条，带动5个板栗合作社及500余户实现了品种改劣换优，提质增效。每年邀请王广鹏、张树航等板栗专家来果园实操培训授课4次以上。此外，郭猛还积极参加林果业主管部门组织的各种业务活动，从不放过任何一次学习机会。经常走出去，向经营管理成功的家庭农场、合作社虚心请教学习，吸收成功的宝贵经验，多次拜访资深的前辈同行，向他们取经学习。

"一枝独秀不是春，百花齐放春满园。"郭猛坚持推广和普及科技成果，做给农民看，带着农民干。他在青龙县农广校担任果树动手实践课讲师，每年平均实操培训50余场次；被聘为青龙县科技特派员，负责茨榆山乡5个村的果树技术推广与培训指导，积极向广大果农传授板栗周年管理新技术。在青龙县肖营子镇五指山板栗专业合作社等5个合作社担任板栗管理技术顾问，负责指导板栗周年管理新技术，产生了良好的经济效益、社会效益和生态效益。他还通过微信群、公众号、朋友圈等平台，义务为果农讲课，接受果农的咨询，及时解决生产上的实际问题。在技术推广中，郭猛结合当地生产实际，针对性推广板栗优良杂交品种、幼树嫁接后整形、地面生草覆盖、病虫害绿色防治、轮替更新修剪等科学先进的技术，每年接待来参观考察学习的技术人员及栗农100余次2 000余人。

## 二、专业技能突出，科研成果显著

长期与河北省农林科学院昌黎果树研究所进行板栗技术合作，农场成为河北省农林科学院昌黎果树研究所板栗产、学、研高新技术和良种推广示范基地，建立了标准化板栗杂交新品种对比试验园及秦皇岛市板栗新优品种硕丰等优质接穗采穗圃。2018年、2021年选送的板栗品种燕山早丰、硕丰在青龙县板栗品种品质评比大赛中，均荣获青龙县"果王"称号。2023年"一种促分枝提高产量的板栗地下嫁接方法"获得国家发明专利。2022年3月经营的家庭农场被评为秦皇岛市生态栗园示范基地。个人荣誉：分别荣获2016年、2018年青龙县林业局组织的全县板栗修剪技能大赛一等奖，分别荣获2019年、2020年青龙县茨榆山乡自然资源和生态环境办公室组织的全乡板栗修剪、嫁接技能大赛一等奖，2022年4月被评为河北省第二批林草乡土专家，2023

年 4 月被评为河北省农民中级技师，2023 年 5 月被评为国家级林草乡土专家。在学习中表现突出，被评为省级优秀学员，受到表彰和鼓励，并作为先进典型在《河北农民报》、国家林业和草原局官网进行了先进事迹报道。

经过 30 多年来的不懈努力，破茧成蝶，郭猛由一个普通的小栗农演变为资深的大专家，今后他将继续发挥自身的专业技术优势，积极参与果树科技推广成果转化活动，主动提供技术咨询服务，发挥示范引领作用，推动乡村经济发展，助力乡村振兴，为农民增收、农业增效、农村振兴做出贡献。

# 牢记初心使命筑堡垒
# 发展特色产业增动能

阜城县建桥乡大徐村　陈　冲

陈冲，生于 1986 年，中共党员。2009 年 5 月加入中国共产党，大专学历，毕业于中国石油大学。2018 年 9 月任阜城县建桥乡大徐村党支部书记，积极投身农业农村发展，创新产业模式，带领村民脱贫致富。2020 年荣获河北省农民教育培训扶贫先锋、全国农民教育培训扶贫先锋荣誉称号。

陈冲和所有人一样，有梦想、有追求，凭借着一股吃苦耐劳、永不服输的创业精神，他在北京创建的彩钢企业蒸蒸日上。面对时代的召唤，看着乡亲对致富的期盼，2018 年村"两委"换届时，陈冲毅然回到村里参加竞选，以全票通过当选建桥乡大徐村党支部书记。他从走访群众入手，全面了解村民的所思所想所盼。看到村民还是固守着传统的农业种植模式，没有农业创新能力，信息化程度低，土地收益差，种植没有积极性，他决心带领村民发展现代农业。

为提高自身素质，增强带领群众致富的本领，2018 年，他积极报名参加阜城县农广校新型职业农民培训，系统学习了现代农业发展思路和方法，实地参观农业生态园、农民专业合作社，从涉农政策到农业产业化总体形势到新品种培育和新技术推广，从管理模式创新到打造品牌价值，思想的阀门一下子被打开，也开启了他发展致富产业，带领全村人共同发展的进步之路。

他积极将学到的知识运用到发展扶贫产业、带动贫困户增收致富上，在全村发展起高粱、谷子种植，还新上了谷子深加工项目，带动村民户增收 2 000 余元。在综合考虑全村实际情况和村民发展意愿的基础上，他借鉴外地先进经验，确定了党支部＋合作社＋贫困户发展思路，带头成立了粮食种植农民专业合作社，和全村党员"一带一"发展产业，从带动种植能手入手，和 12 位种植能手先行先试，在全村率先种植高粱、谷子特色作物 230 余亩。

　　为实现贫困户发展有产业，脱贫有保障，在谷子试种成功后，"旱作雨养项目"开始在全村推广，他积极组织开展种植技术培训，将谷子种植技术、谷子效益制作成宣传栏等进行展示、宣传，引导村民创新种植模式，发展现代农业。经过陈冲的努力，全村 16 户建档立卡贫困户发展谷子种植 52 亩，全村共种植特色谷子 1 600 余亩。在他的带动下，建桥乡将旱作雨养谷子作为扶贫产业进行了推广种植，全乡种植面积达到 1 万余亩，带动周边村庄 35 户贫困户走上脱贫之路。

　　让农民种得好，更要让农民卖得好，现代农业必须走产业化道路，陈冲对市场进行调研后，确定了谷子深加工的思路。结合消费扶贫政策发展高质量小米深加工，和河北省农林科学院合作注册了"阜亿农"小米品牌，申请绿色食品认证，走上了一条发展品牌农业之路。

　　"以谋求村民利益、带动村民增收为出发点，以现代科技为支撑打开农业发展的大门，依托示范园建设，以电子商务为载体，因地制宜，创新发展，引导传统农业向现代农业发展，生产安全、绿色、健康的农产品，并通过规模化、市场化、产业化，实现乡村振兴发展、村民小康幸福的最终目标。"陈冲勇于任事，积极担当，以与时代同步伐、共成长的决心和魄力，开启了村庄发展和农民增收的新征途。

# 负重前行　践行担当

河北阜云农农业发展股份有限公司　张玉军

张玉军，中共党员，河北省衡水市阜城县王集乡张家庄村人，主要从事辣椒和玫瑰种植、深加工技术开发、销售，充分发挥基地技术优势开展科普工作，通过邀请技术人员举办讲座、现场指导等形式，及时向群众传授实用技术和信息。

河北阜云农农业发展股份有限公司成立于 2017 年 4 月，由张玉军创建，位于河北省衡水市阜城县王集乡张家庄村，现拥有员工 50 人，大专以上学历15 人，技术研发和科普骨干人员 5 人，是一个集玫瑰、辣椒、中药材等种植、深加工、销售、科普培训、科技研发、惠民服务、农业新产品新技术展示示范推广等为一体的现代化公司。科普基地设立在公司创建的阜城县省级现代农业精品园区内，该基地辖 12 个村 6 900 多人，耕地面积 10 500 亩，人均耕地1.53 亩。近年来，基地按照"科技兴农、科普惠农"的发展思路，以"推广科技、开发人才、科技兴农、科技富民"为宗旨，致力于引导群众调整农业产业结构，从而走上绿色农业发展之路。公司创建的阜城县现代农业园区，先后被省政府认定为省级现代农业园区、河北省现代农业精品园区、河北省特色产业精品示范基地。2019 年河北阜云农农业发展股份有限公司先后被认定为省级扶贫龙头企业、河北省科普惠农兴村计划农村科普示范基地、河北省农业科技小巨人企业、河北省星创天地、省级农业产业化联合体核心龙头企业、衡水市农业产业化重点龙头企业、衡水市产业化联合体；还先后被认定为河北省农民田间学校示范校、河北省农民教育实训基地、阜城县扶贫产业园等。2019年，"阜云农"辣椒被评为衡水市优秀农产品。为改变当地贫困面貌，基地自费赴山东、新疆、江苏、贵州等地考察特色产业，结合当地实际，选择发展玫瑰、辣椒、中药材等产业，帮助农民持续增收，取得了可观的经济效益。2021年带动 2 600 多户农户（其中 102 户脱贫户）种植辣椒、玫瑰、中药材等特色产业，规模化种植面积达到 8 760 亩，其中辣椒种植面积 6 750 亩，玫瑰种植面积 1 800 亩，中药材种植面积 210 亩，亩均纯收入 5 000 元，人均增收 7 500 多元。2022 年提供就业岗位 100 多个（其中为脱贫人口提供工作岗位 15 个），务工人员人均年收入 2 万多元。2022 年辣椒种植面积达到 7 000 亩，玫瑰种植面积达到 2 000 亩。经过基地科普领导小组的共同努力，大力推广新技术、引进新品种，使特色种植逐步走向一体化，已成为衡水市最大的特色种植科普示范基地。

2019 年，基地建成后立即成立了科普活动领导小组，组长由董事长张玉军担任，小组聘请河北农业大学、河北科技大学、山东省平阴玫瑰研究所、衡水学院、县农业部门等的专家为技术顾问，同时积极吸纳基地 10 个农民专业合作社主要负责同志为基地科普工作领导小组成员，使其成为科普工作骨干，发挥其与农民群众联系的桥梁作用，使科普工作向纵深发展，形成专家、技术骨干、示范户为一体的科普体系。公司每年拿出 2 万元，用于开展科普活动，保证了科普宣传工作顺利开展，有力促进了种植业结构调整。

充分发挥基地技术优势，通过邀请技术人员举办讲座、现场指导等形式，及时向群众传授实用技术和信息；通过引进新技术、新品种，提高种植水平和效益，2020 年至今先后多次邀请专家来基地就新品种、新技术进行现场授课指导，先后十几次组织基地种植户进行不同形式的培训，参加人员 1 000 多人，同时，组织 300 多人次到外地参观学习，使群众开阔了眼界，增长了知识，达到了学以致用的目的，科普培训取得了实实在在的效果。

基地始终把良种良法技术的引进、创新、推广、应用作为基地发展的核心，积极与河北科技大学、河北农业大学、衡水学院、山东省平阴玫瑰研究所及阜城县科协、县农业农村局等部门开展技术合作，取得了显著效果。同时基地于 2017 年注册了"阜云农""遇芳"商标，2019 年，基地通过了无公害农产品认证，2021 年辣椒通过了绿色认证，基地被认定为全省特色产业精品示范基地，2023 年基地玫瑰通过了绿色认证。

充分发挥科普基地的辐射带动作用，积极开展信息服务，及时将农情信息在基地公众号上发布。累计发布农情信息 5 000 余条，发放各种技术明白纸 10 000 余份。同时在基地建立了农产品质量追溯系统，确保农产品质量，使基地向更高层次发展。

基地在继续拓展玫瑰、辣椒等特色产业种植面积的同时，积极与有关科研院所合作，制定特色产业种植、深加工标准和技术规范，及时更新、宣传、普及特色产业新品种、新技术，确保农业增效、农民增收、企业盈利，使特色产业种植、加工在科普的助推下得到全面良好发展。

以科技创新为载体，以科研院校（所）为依托，大力发展玫瑰、辣椒、菊花等优势特色产业，积极引进、转化、开发新品种和新技术，加大引进农产品深加工先进设备力度，提高特色产业附加值。

基地采取产前统一规划、统一种苗、统一农资；产中统一技术指导、统一田间管理、统一人员培训；产后统一收购、统一加工、统一品牌销售的"九个统一"管理模式，通过采取施用有机肥、综合防治病虫害等措施，保障基地农产品质量，提升基地农产品价值，保护农业生态，实现生产安全、优质、无污染农产品的目标，使基地经济效益、生态效益得到提升，实现农业增效，农民增收。

# 科普助农　科技创新

巨鹿县悠香农业发展有限公司　景贺宁

景贺宁，生于 1970 年，河北省巨鹿县张王疃乡南花窝村人，扎根农业，自主创业进行农业种植已有 30 多年。30 多年来他一直以团结、自强、务实、拼搏、坚持不懈的精神要求自己。"人生如洪水激流，不遇见暗礁难以呈现美丽的浪花。"这句话一直激励着他做到"努力到无能为力，拼搏到感动自己"。

## 一、科普助农科技创新

为提高果农生产技术和种植效益，近年来持续开展科普工作。

"做最棒的自己，做家乡的骄傲"一直是景贺宁真挚的心声。在他发展的同时从没有放弃乡亲们，为带动全村果农和周边村果农增产增收，他积极联系邢台市林业局、巨鹿县农业局并申请成立了邢台市农校新型农民教学培训点，组织了一批战斗在一线的科技工作者，把新技术、新品种第一时间送到果农手中，解决区域内果树品种老化，产量低，技术老、旧、差等问题，有效提高了果农对果树生产的积极性，为乡村振兴贡献出自己的一份力量。

## 二、科普工作中的先进做法和经验

自 2017 年以来悠香科普示范基地积极进行设施建设，建立培训室两处共 150 平方米，购置打印机 2 台，电脑 3 台，电子屏 1 套，投影仪 1 台，同时将基地悠香园作为果农实践场地。近年来积极引进新品种、新技术，推广落实技术操作规范，示范推广绿色食品技术模式，解决了企业和果农产业发展中面临的技术问题，发挥示范引领和辐射带动作用。如 2022 年引进苹果新品种 6 个，推广高光效树形改造，绿色食品苹果、桃、杏生产，苹果自由纺锤形修剪等技术 5 项，解决早熟苹果霉心病等疑难问题。公司常年聘请邢台农业学校李克军和李鸿雁两位老师为技术顾问，聘请邢台市森防站刘志群传授病虫害防治知识。园内成熟技术人员 2 名，初级技术人员 4 名，保障园内果树生产，为生产绿色果品打下坚实基础。基地建有 6 个科普宣传栏，两个文化性科普宣传长廊、宣传牌，结合果园观光普及果树管理新技术。

## 三、科普活动取得的成效

2022 年引进果树新品种，免费向示范户提供化肥、农药和引进的新品种接穗。试验示范后推广示范户 20 户，为改变区域内树龄老化、通风透光性差的现象，景贺宁向示范户及果农积极推广高光效树形改造技术，并带领其他技术人员为果农指导果树修剪新技术、病虫害防治技术、绿色果品生产技术，还组建了微信交流群，并时常在群里发送果树管理技术要点，为果农在生产中提供技术支撑，从而提高果农的科学管理技术水平。2017 年以来为提升果农科技文化素质和管理能力，总计开展技术培训 60 余次，科技扶贫贫困户 13 户，受益贫困户 40 余户，总参加人数 3 000 多人次。近年来，悠香农业发展公司深受各级领导重视，县委书记、县科协、各乡镇领导、县人大、市人大等分别前来调研并指导工作，受到社会各界的好评，产生了良好的社会效益。

科普活动中印象最深的事：

技术成就品质，品质成就效益，2022 年 9 月 15 日，巨鹿县悠香农业发展有限公司及专家团队成员组织的优秀苹果示范户评比活动在巨鹿县南花窝村举行。20 户果农示范户以及巨鹿县融媒体、邢台市老科协作为评委参加了此次评比活动。评比主要从单果重、果型指数、可溶性固形物、去皮硬度、香气、

优秀苹果示范户评比活动

着色面积、果面光洁程度、果肉质地、汁液含量、感官体验等十项指标开展综合测评，最终评选出三位果品优质农户，由河北省农业创新驿站首席专家、邢台市老科协职教分会常务副会长李克军同志为获奖者颁发证书和奖品以资鼓励。示范户们纷纷激动地握住景贺宁的手说："谢谢你指导我们锯掉多留的枝权，这样不仅通风透光还省工省时好打药，既不影响产量，也不影响树体的生长，又能产出优质的果实，卖了好价格。"

# 内蒙古

## 保障农牧民种植收益的带头人

内蒙古科尔沁左翼中旗和信综合种养殖协会　孙国祥

　　孙国祥是内蒙古科尔沁左翼中旗有名的致富能手。2013 年 3 月，他牵头成立了科尔沁左翼中旗巴彦塔拉镇布淇浩嘎查和信综合种养殖协会（简称科左中旗和信综合种养殖协会）并任会长，协会主要从事红高粱、谷子、杂粮杂豆种植。因协会发展要求，2015 年孙国祥牵头注册成立了科左中旗和信种植专业合作社，形成了协会＋合作社＋会员的运行模式，现已发展会员 3 000 多户。

　　孙国祥始终坚信科技是第一生产力。2022 年，他积极到内蒙古民族大学、通辽市农牧科学研究所跑项目、找专家，推动建成了中国农技协内蒙古左中高粱科技小院，小院首席专家是内蒙古民族大学农学院院长李志刚教授，农学院其他教授、通辽市农牧科学研究所专家组建成专家团队为小院建设做技术指导，内蒙古民族大学派出 2 名研究生于 2022 年年初入住了科技小院。在引进科技力量的同时，为使会员熟练掌握生产实用技术，提高生产水平，他经常组织开展系列科技培训活动，平均每年举办集中培训班 20 班次，培训会员和农牧民 2 000 多人次，现场培训、指导 25 场次，受益会员和农牧民 1 000 多人次。

　　近年来，孙国祥带领协会大力发展红高粱、谷子、大豆、绿豆等杂粮杂豆产业，推行了协会会员统一购买农资、统一播种、统一田间管理、统一收获、统一销售"五统一"模式，使杂粮杂豆种植户比种植玉米平均每亩增收近 500

元。2022年，仅他主导推广的红高粱种植面积从2017年的1.5万亩增长到了5万亩，种植农户达到3 000户，户均增收2 000元；目前，他正积极配合旗委、旗政府申报"科左中旗红高粱"地理标志产品，进一步扩大产品市场竞争力，保障农牧民种植收益。

协会积极参与旗委、旗政府提出的"三个半"庭院经济建设模式，推进庭院种植杂粮杂豆（谷子、绿豆、高蛋白大豆、油葵等），并免费为种植户提供种子，免费提供技术服务和签订回收合同。协会庭院经济作物种植已涉及8个乡镇80多个嘎查6 000多户。2022年配合旗供销社通过生产、供销、信用三位一体模式，以企业领办合作社，先后成立了以土地托管为主的云通六号种植专业合作社，以土地流转为主的孙国祥高产密植玉米种植专业合作社，通过企业领办、村集体入股、农户参与的方式，解决融资贷款难题，以浅埋滴灌玉米高产密植技术为依托，通过粮食银行、成本保险、价格保险解决农业生产中的风险管控问题，保证粮食增产增收，走出了一条合作社有发展、村集体有积累、农户有增收的新路子，其中土地托管能为农户每亩增收300元以上。

在"百企帮百村"活动中，孙国祥带领协会先后向全旗8个村捐赠适合庭院种植的谷子、大豆、油葵、糯玉米种子超过5吨，捐赠资金5 000元；2020年初，新冠疫情暴发后，孙国祥积极组织巴彦塔拉商会为防疫工作捐款、捐物，其中捐助口罩5 000个、抗疫物资3万余元，交纳特殊党费1 900元，并组建抗疫服务队到一线站点执勤。同时，还组织科左中旗新的社会阶层人士联谊会，为防疫捐款、捐物，累计15万余元。

# 辽 宁

## 心系"三农" 真诚服务

瓦房店东阳果品专业合作社　洪　涛

洪涛，生于 1970 年，满族，大专文化，中共党员，现任瓦房店东阳果品专业合作社理事长、大连瓦房店市东阳棚友设施葡萄协会会长、中央农广校辽宁省大连市农广校瓦房店东阳果品专业合作社高素质农民培育农民田间学校校长、中国农学会科技志愿服务队瓦房店东阳果品分队队长。

## 一、恪守初心，从合作社到志愿服务队

瓦房店东阳果品专业合作社成立于 2011 年 11 月，合作社以组织社员进行果树种植为主导，为社员提供产前、产中、产后的相关服务，特别是技术服务与指导等。合作社现有社员 108 人，辐射带动群众达 500 余户 1 000 余人。

为了增强辐射带动作用，2016 年洪涛组织成立了大连瓦房店市东阳棚友设施葡萄协会，并在协会门前设立了科普宣传栏，定期或不定期发布科普宣传挂图和科普常识宣传单。

在洪涛的带领下，瓦房店东阳果品专业合作社自主培育的葡萄新品种"红特沙"于 2018 年 1 月获得农业部非主要农产品品种备案；合作社、协会成功注册了"雕石""浓巴帝"商标。2018 年洪涛被评为"全国百名杰出职业农民"。

2020 年 6 月，洪涛组织成立了中国农学会科技志愿服务队瓦房店东阳果品专业合作社分队，认真践行科技志愿服务精神，积极围绕农村科普做文章。

## 二、找准思路，打开科技服务工作局面

针对分队经费不足、农村开展科普工作困难等实际问题，洪涛提出了"对上争项目，对下搞服务，对内抓管理，对外树形象"的工作措施和办法，团结带领分队志愿者积极围绕农村产业结构调整，开展农村科普工作。

2021年2月23日，服务分队针对性地在当地精准脱贫村开展科普志愿服务，进行果树生产技术培训与指导，助力该村精准脱贫工作；2021年6月，服务分队开展瓦房店市高素质农民培育（李官镇果树班）工作，为参加培训的全镇果农示范户进行了果树生产技术指导；2021年9月9日，组织分队5名志愿者到李官镇龙王庙村为当地棚桃种植户进行了大棚桃树秋季生产管理技术培训。

短短一年多的时间，分队开展的志愿活动，使当地的生产大户、示范户以及贫困村果农得到了科技服务，并辐射带动了一大批农民学科技、用科技，促进了当地农民增产增收。当年，科技志愿服务分队的"大棚桃树秋季生产管理技术交流与培训"活动被评为中国科协全国科普日优秀活动，洪涛本人成为中国农学会科技志愿服务先进典型。

## 三、抢抓时机，以时不我待的精神做好服务

在新冠疫情防控期间，洪涛在做好防控的同时，始终把科技志愿服务放在心上，克服种种困难，努力开展活动。2022年11月10～13日，组织当地农民进行果树生产技术及秸秆生物反应堆技术培训，参加培训人员达260余人次。

疫情结束后，洪涛以时不我待的精神，抢抓时机，积极组织开展科技志愿服务工作，力争把疫情造成的影响抢回来。

2023年2月6～10日，组织开展高素质农民培育农业技术培训班，参加培训的农民达300人次；2023年4月20日，在瓦房店市科协的支持下，洪涛代表大连瓦房店市东阳棚友设施葡萄协会来到瓦房店市李官镇东阳台小学开展了一次"小手拉大手，科普进校园"活动，活动中共发放有关垃圾分类和急救知识的科普宣传品120余份；2023年5月19日，服务分队又与李官镇政府联合组织针对全镇农业技术员的"秸秆生物反应堆技术应用"专题培训指导；2023年5月26日，在瓦房店市科协的指导下，结合全国科技工作者日、科普活动周，邀请沈阳农业大学赛树奇教授为全镇镇村两级干部进行培训。

2023年以来，结合瓦房店市秸秆综合利用项目，在中国农学会和瓦房店

市科协的大力支持下，服务分队还分别为农民提供了《秸秆综合利用》300 余册、《秸秆生物反应堆技术应用》宣传彩页 5 000 份。

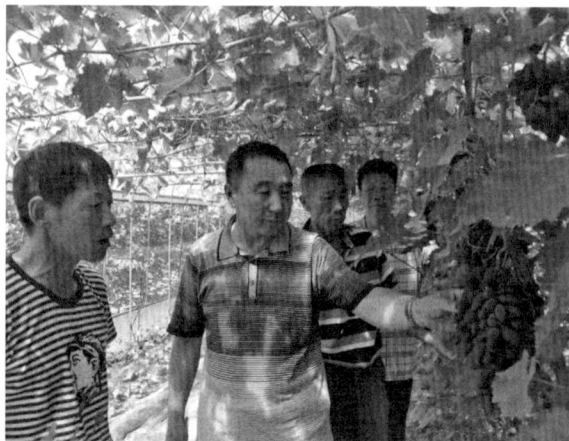

# 江 苏

## 争做科技惠民领跑者
## 当好乡村振兴代言人

江苏省邳州市江苏大庄农业科技发展有限公司　冯　玉

　　冯玉投身农村农业工作 20 余年，开创科研＋培训＋产品服务的现代农业经营模式，建成 570 亩现代农业蔬菜产业化示范基地，主持参加国家级、省市级项目 12 项，持有专利 15 项，发表论文 3 篇。通过产学研融合、新农人培育、新成果推广，为农村培育高素质农民，为农民培育科技种苗，带动农民发展现代农业，助力乡村振兴。

　　通过建立省级特色优势种苗中心，年繁育蔬菜种苗 3 000 万株，带动当地农民就业 200 余人。引进示范各类新品种、新技术 600 余项，服务农户 34 000 余户，累计辐射面积 120 万亩，累计新增经济效益 2 亿元以上。免费开展培训 240 余期，培训农民 50 000 余人次。培育新型农业经营主体 11 家，带动发展种植大户 3 600 余户，1 800 余人取得职业技能证书。带动形成特色果蔬种植区 5 个，面积 10 万亩。通过开展惠农助农活动，帮扶困难农户 1 800 多户。

## 一、为何开展科普工作

　　20 年前，冯玉刚开始从事农技推广工作时，发现太多农户因盲目选品、技术不足等问题产生损失，这些对他的触动和影响很大。从那时起，冯玉就下定决心以实际行动帮助农民解决问题，为家乡的百姓做些贡献。为此，他创建了江苏大庄农业科技发展有限公司，推广全国百优农民田间学校，把科学技术普及到田间地头，用科技助力乡村振兴。

## 二、科普工作的先进做法和经验

冯玉建立了江苏大庄农业蔬菜培育科普示范基地，构建了科技惠民管理小组＋专家组＋服务组的管理服务体系，创新了科研＋培训＋产品服务的运营模式，建立了570亩现代农业产业化示范基地，充分利用科普基地资源，通过强大的专家团队，开展职业农民培训、农业科技信息宣传、互联网技术培训、视频教学指导、农民创业、农业相关信息咨询等服务。

## 三、开展的科普活动及取得的成效

冯玉开展的科普活动包括各类技术培训班、科普讲座、科技下乡服务等，重点培养新农村带头人、农民技术员和骨干农民。

基地主动与本市教育机构联合开展科普宣传活动，向青少年学生普及农业相关知识，让学生走进田园，亲自参与育苗、播种、采摘等过程。累计服务青少年500人次，提高了学生的农业知识水平，活动得到了同学们及老师们的一致好评。他还与邳州市特殊教育中心联合开展劳技教学实践活动，为特殊教育中心的学生提供有关蔬菜培育的相关知识。这些活动帮助他们掌握了关于蔬菜培育、农作物安全生产、农残检测等方面的先进知识。

基地还联合邳州市各镇农技中心，对各镇200名农户进行大蒜栽培技术培训，并邀请他们到现场观摩，同时发放明白纸5 000份。活动的开展提高了农户的大蒜栽培技术水平，以及对有机肥替代化肥必要性的认知水平。

公司被评为全国百优农民田间学校、国家级高素质农民培训基地、江苏省农业科技型企业、省级巾帼现代农业科技示范基地、江苏特色优势种苗中心、江苏省民营科技型企业、江苏省现代农业产业技术体系推广示范基地、徐州市农业产业化龙头企业、徐州市农业产业化示范联合体、徐州市级科普示范基地、徐州市（大庄）设施蔬菜栽培种植工程技术研究中心、邳州市科普教育基地等。

冯玉个人荣获全国百优保供先锋、徐州市青年农民创业之星、徐州市创新型企业家、邳州市劳动模范、邳州市优秀科技工作者称号。其开展科普教育、农技推广工作被国家级、省市级各大媒体报道。

## 四、在开展科普服务中印象最深刻的事

　　每年的 9 月，冯玉会和邳州市特殊教育中心联合开展劳技教学实践活动，为特殊教育中心的学生提供蔬菜培育相关知识。不仅让特教的孩子们对蔬菜种植有更专业的了解，也让孩子们感受到了农业种植的乐趣，看着这些孩子们播种、耕作、收获，让冯玉感到骄傲，并从他们身上看到了朝气蓬勃的未来与希望。

# 西瓜田里"长"出的惠农土专家

宿迁新星西瓜技术服务中心　刘　强

刘强，生于1969年，中共党员，初中学历，江苏省宿迁新星西瓜技术服务中心高级农艺师，农民式的西瓜栽培专家（种瓜能手）。27年来，通过推广西瓜等的新品种和高效栽培新技术，带领十里八村的农民增收致富。

## 一、脱贫攻坚赤子心　不忘家乡养育情

出生在沭阳县潼阳镇潼南村的刘强，自小生活贫困，初中毕业后便回乡务农，在自家责任田种植西瓜，决心用勤劳的双手创造一条幸福路。在自己掌握西瓜栽培技术并致富后，他希望乡亲们也一起脱贫，过上好日子。

刘强先后创建了江苏省科普惠农服务站（沭阳）、宿迁市科普惠农示范基地、江苏省乡土人才大师工作室、刘强劳模先进志愿服务队等，把科学技术普及到田间地头，惠及一方农民。

## 二、做给群众看，带着群众干

1996年在潼南村通过引进并推广西瓜嫁接育苗技术，成功解决了西瓜连作枯萎病死苗的问题；1998年在潼南村推广示范西瓜人工辅助授粉技术，解决了西瓜坐果率低而不稳的问题；2003年在陇集镇推广千亩瓜稻轮作新模式（西瓜小拱棚全覆盖栽培技术），实现了高产高效；2007年至今，依托宿迁新星西瓜技术服务中心，示范推广西瓜和蔬菜新品种、新技术，辐射带动江苏宿迁、江西南昌、河南夏邑、河北饶阳等多个地区逾万名群众从事瓜果蔬菜种植，实现了产业致富。

刘强利用自身的技术知识和外界资源，通过栽培技术讲座、一对一帮扶等形式，带动了湖东镇司杨、杨湾、木墩3个村20多户农户开展西瓜种植，在

推动高效农业发展的同时，解决了 40 余名低收入农户的就业问题。

为引领更多人走上科技兴农的康庄大道，刘强借助担任江苏省科普惠农讲师团成员等身份，每年培训指导农户上万人次，并与当地数千户大棚西瓜种植户建立了传帮带关系。在新冠疫情防控期间，他还通过微信群进行网络"微课堂"教学，帮助瓜农解决生产中的实际问题。

为了做好科普惠农服务工作，他翻阅了大量西瓜栽培方面的图书，长年观察西瓜不同栽培时间、不同气候下的生长情况，并做好记录。他不照搬书本，善于请教，注重实践，自费学习，还经常利用信息技术手段增强学习的容量和效果，利用专家的理论、技术来指导实践，解决工作实践中遇到的各种技术难题，保证生产。在他的屋里，桌上、床上、地上，到处都堆满了书籍和稿纸；在他的电子设备中，电脑、硬盘、U 盘、光盘记录的都是与西瓜栽培有关的资料、相关专家的指导意见和自己的心得体会。

## 三、开展的科普活动及取得的成效

27 年的坚持不懈，刘强成为远近闻名的种瓜能手和技术能人，先后被评为全国科普惠农兴村带头人、江苏省优秀科技专家、宿迁市劳动模范、江苏省农技协 2018 年度优秀乡土人才、沭阳县领军型乡土人才、沭阳县 2019 年度全民科学素质工作先进个人等，2020 年获得宿迁市五一劳动奖章。

担任江苏省科普惠农讲师团成员、沭阳县农广校兼职教授，每年义务讲学、授课，培训指导农户千余人次。2018 年底，他在沭阳县十字街道建成大棚西瓜育苗基地，与数百户大棚西瓜种植户建立了传帮带关系，引领更多人走上了科技兴农的康庄大道。

"多亏了刘老师的西瓜栽培技术，让我种出的西瓜品相好，口味佳，在市

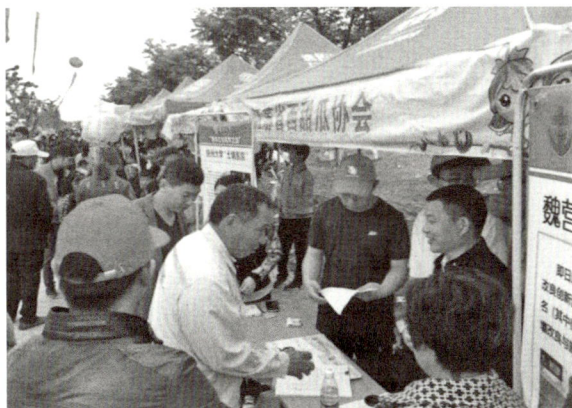

场上抢手得很。"说起刘强给自己带来的帮助，江苏省宿迁市沭阳县陇集镇孟玉村瓜农凌齐洪感激地说道。"使不会种瓜的会种瓜了、低产变高产了、产品的品相和口味得到了改善、种出了市场上的抢手货等"，这是瓜农口中刘强给当地带来的改变，也是瓜农对他的肯定和认可。

# 坚守"粮"心　耕耘在希望的田野上

淮安市涟水县常盈桥稻麦种植专业合作社　乔林中

　　乔林中，生于 1970 年，大专毕业后在一家国有企业工作 12 年，之后于 2000 年离职进入农业行业，成为乡村振兴技艺师、农业经理人、农业技术员（2 级技师）、涟水县常盈桥稻麦种植专业合作社理事长、涟水县汉耕农机专业合作社理事长、涟水县天帮地助家庭农场主、涟水县高素质农民协会会长、涟水县大米协会副会长、涟水县现代农业产业商会常务副会长、涟水县工商联执委、涟水县陈师街道乡村振兴人才党支部副书记。他流转土地 2 000 余亩，从事优质水稻和小麦种植生产，累计生产水稻 15 280 吨、小麦 1 296 千克。

## 一、一人富不算富，大家富了才算富

　　进入农业的 23 年，乔林中一路走来经历诸多坎坷，他切身体会到从事农业的艰辛！决心在做好自己产业的同时，要将自己学到的农业科学技术和生产实践经验毫无保留地传授给周围的小农户和种田大户，引导、帮助他们少走弯路，增加收入。"一人富不算富，大家富了才算富！"这就是他的追求与践行！

　　乔林中历经风雨、跌打滚爬，掌握了专业的实践生产技术，积累了丰富的经营管理经验。通过县、市、省、中央农广校、农业农村部干部管理学院的培训学习以及涉农中专、大专课程提升自己，他已从一个"门外汉"蜕变成涟水县远近闻名的"致富能手""土专家"。他不但活跃在田间地头，为周边小农户和种田大户应季适时进行技术指导，而且受县农广校邀请走上讲台，为全县农民传授农业方面的科学技术。累计科普培训（课堂及实训）农民 3 万多人次，发展 26 名典型学员。20 多年来，他始终坚持将低收入家庭人员作为主要服务对象，积极帮助众多的农民解决经营种植中的很多实际困难，开展多层次的科普活动。带动周边 230 多户贫困户及低收入户农民共同致富，引领全县的种田大户共同发展。

## 二、组建新型农业经营主体联盟

为了更好地开展科普工作，做好全县的粮食产业，2018 年，由乔林中牵头联合全县的种田大户共同组建了淮安市首家新型农业经营主体联盟——涟水县高素质农民协会，并当选会长。目前，协会已吸纳核心会员 350 余人。合计服务的经营面积近 20 万亩。协会通过组织培训、农资集采、技术互助、产业互帮、金融帮办、产品展示、订单种植等形式为会员开展全产业链、全程化服务；通过农资集中采购，每亩降低生产成本约 120 元；同时有效提升了农产品质量，促进了生态环境改善；通过新品种、新产品、新技术、新模式、新装备的推广应用，稻麦每亩增产 60 千克，增收约 138 元。在他的引领和带动下，涟水县粮食生产稳步发展，为粮食安全做出了贡献。

## 三、心怀感恩，投身公益

乔林中长期坚持乡村铺路、助学帮残、扶贫解困、无偿献血等公益性活动。他还积极参与国家灾难社会援助，特别是 2020 年初新冠疫情形势十分严峻的紧要关头，他迅速发出"守望相助、共抗疫情"的倡议，106 位农民积极响应，捐赠大米 3.85 吨、蔬菜 7.5 吨，捐款 4.3 万元。他的个人荣誉包括：2019 年被涟水县委宣传部评为"百行千名"先进典型，被涟水县农业委员会评为"十佳种养能手"，被江苏省农广校评为"2019 届涉农中专优秀毕业生"，被农业农村部评为"百名优秀学员"，被淮安市委统战部评为"新的社会阶层人士先进个人"；2021 年被农业农村部表彰为"抗击新冠肺炎疫情突出贡献农民"；2022 年被江苏省农学会评为江苏新时代"苏农匠"；2023 年被评为全国农业劳动模范，被涟水县委组织部表彰为"有先锋力十佳好党员"，被淮安市政协评为"百优参与群众（乡贤），被淮安市农业农村局表彰为 2022 年淮安市高素质农民创新创优十佳带头人等。

## 四、率先引入新品种，以订单农业带动农民致富

2021 年，乔林中率先引入优良食味软米南粳 66。2022 年，通过他的努力在全县范围内示范推广 2 万亩。此品种现已被列为涟水县优质稻米产业发展的两个主推品种之一。目前，他已推广南粳 66 种植面积逾 10 万亩。他的种植基地也成为南粳 66 在淮安地区的唯一良种繁育基地。乔林中信心满怀！他将引

导全县的新型农业经营主体建设绿色食品生产基地和优良品种繁育基地，实现从田头到成品的全过程经营管理与把控。以订单农业带动农民致富，为全县现代农业规模化、专业化、产业化发展贡献一份力量，助推乡村振兴！

# 乡土人才大师的蜜桃梦

无锡市惠山区建勤家庭农场　孙建勤

孙建勤心中始终有放不下的农业情结，他于 2005 年 10 月辞去了有固定收入的工作，一门心思从事农业生产。随着从事农业生产的进一步深入，孙建勤越来越爱农业。农业的"七种八养九行当"有很大的发展空间，有创新发展的潜力，有辛苦劳作获得大丰收的喜悦，这些都坚定了他从事农业创业发展的信念。他把水蜜桃科学技术普及到田间地头，不断努力创新，改善自己生活条件的同时，带动周边农户增收致富。

## 一、聚力绿色发展创新举措，助力全国林果产业振兴

领衔创新开发的"阳山水蜜桃机械化生产模式与典型案例"作为全国 14 个林果全程机械化生产模式与典型案例之一成功入选 2022 年农业农村部推介目录，为宜机化桃园提供了 40% 左右的增产潜能。成功创建首批"国家级生态农场"，领衔创新开发的"水蜜桃绿色防控与全程机械化模式"获评 2022 年度江苏省乡村产业绿色发展典型案例。聚力双品牌（"阳山水蜜桃"区域公用品牌＋"臻状元"自有品牌）示范农场建设，阳山水蜜桃获得了 20 多个金银奖项，对无锡阳山水蜜桃双品牌建设起到了示范带动作用。

## 二、聚力水蜜桃技术改造与集成创新，推广阳山水蜜桃集成技术模式

孙建勤主持、参与多个科技项目，开展了桃园宜机化高效生产、树体形态结构和健康土壤等关键技术研究，自主创新形成了"阳山水蜜桃宜机化健康栽培标准园"相关集成技术模式，解决了无锡水蜜桃产业振兴的短板问题。

## 三、聚力"三带",促进技艺传承、农业增效、农民致富

明确"带领技艺传承、带强产业发展、带动群众致富"目标,孙建勤领衔建成江苏省大师工作室、江苏省乡土人才传承示范基地等,开辟"无锡状元科普区",为 700 余户示范户、1 000 余人次农民和学生提供观摩实训;承办 2021 年第三届中国传统名桃产业发展高端研讨会、2020 年省现代农业(桃)产业技术体系技术交流会;通过创新示范水蜜桃全程机械化及绿色防控模式,助力无锡水蜜桃产业绿色发展;发起成立阳山水蜜桃家庭农场发展联盟,累计带动 100 多户农户依靠种植葡萄和水蜜桃脱贫致富,新增产值 3 000 万元以上;示范引领 20 多个农户的规模桃园更新改造应用机械化种植模式。与无锡商业职业技术学院共建电子商务实践基地,每年 6~8 月为 20 余名大学生提供勤工俭学岗位,让他们参与"互联网+"水蜜桃销售,带动周边销售 1 000 万元以上。

# 科普教育助发展　蓝莓铺就致富路

南京富蓝特蓝莓种植专业合作社　张　云

南京富蓝特蓝莓种植专业合作社是一家专业从事蓝莓种植、初加工、销售及采摘等一二三产业融合发展的合作社，坐落在美丽宜人的南京江宁谷里张溪社区西湖村，这里依傍牛首山、紧邻云水涧，空气清新环境优美，且谷里是南京市主城区南部旅游、休闲产业重点发展及绿色走廊建设带。2020年合作社斥重资打造了蓝卉拖拉机亲子乐园，园区内亲子游设施齐全，科普教育设施逐步完善，2022年接待游客3万余人次，其中亲子家庭3 000户以上，中小学生及幼儿园学生5 000人次以上。目前全园占地面积300余亩，其中蓝莓种植面积160余亩，带动周边农户就业42户，季节工265余人，园区固定工人45人，技术员2人，管理人员3人。自2020年始，农场计划建设蓝莓种植、加工、体验以及农耕文化展示的科普教育示范基地。截至2022年底，已初步形成以自有亲子旅游资源为基础、以农耕文化为轴线的农业科技普及模式。

## 一、以一人富不为富为初衷

一次偶然的机会，张云接触到了现代农业项目，在看到一丛丛蓝莓时，她被晶莹剔透、蓝蓝的果实深深地吸引住了，随手摘下一颗放在口中，甜甜的、浓浓的果浆爆开，她便喜欢上了蓝莓。靛青的蓝莓挂满枝头，美了乡村，富了农家。张云是土生土长的南京人，她出生于地地道道的农民家庭。每个人都有自己的人生规划，已经做到某产品全国总代理的她不安于现状，不甘于平庸，决定回乡发展，深入农村。回乡投身农业，承包荒地，心中想的是要造福家乡百姓。张云一直认为一人富不为富，授人以鱼不如授人以渔。于是开始了科普教育工作，并在这条道路上越做越好，也得到了大家的认可。大家都亲切地称呼她为"蓝莓姐"。

## 二、创新农业科技科普模式

截至 2022 年底，合作社在科普教育场地及设施相关建设上的投入累计达41.22 万元，主要建设有科普教育培训室 150 平方米、科普教育参观室 100 平方米、科普教育展示馆 56 平方米，引进各种培训器材 20 余件、各种科普体验设施 50 余件、各种科普展示品 80 余件。以自有亲子旅游资源为基础，不断吸引周边中小学及幼儿园的学生家庭前来旅游，并不断开发科普教育内容，升级科普教育设施，以农耕文化为轴线积极进行农技知识科普。

此外，她还开办了女子学校，并且成立了蓝莓科普小分队。为那些在家没有工作的女性朋友们提供工作岗位，使她们工作、家庭两不误。成立残疾人就业基地，为他们提供就业机会。2022 年的一次科普工作中接待了一群来园区参观的幼儿园小朋友，张云亲自为孩子们科普蓝莓知识，在过程中孩子们天真好奇的脸庞让张云看到了未来的希望，让她更加坚定了方向。

2022 年科普教育基地对外开放 340 天，全年举办农耕科普展览 5 次，蓝莓科普讲座/培训 4 次，农业科普活动 6 次，全年累计吸引 5 000 人次以上。科普教育活动的开展，带动周边农户 40 余户，新增蓝莓种植面积 50 余亩；针对中小学、幼儿园学生的科普教育活动，极大地丰富了蓝卉拖拉机农场的亲子研学模式，带来了新的旅游收益增长点；同时，各中小学生及幼儿园单位对此模式也表示认同。张云本人在 2018 年 10 月受邀接受南京好人 365 采访，并且被 5 家新闻媒体报道。

# 科技金钥匙　扭开致富锁

射阳县新坍镇为平家庭农场　尤为平

射阳县新坍镇为平家庭农场位于射阳县新坍镇新生村，成立于2014年12月，经过几年的发展壮大，目前规模已达5 000亩，以种植稻麦、芡实为主，年净收入可达400万元。2020年，获得江苏"省级示范家庭农场"称号。农场主尤为平先后获得盐城市供销合作总社先进个人、射阳县乡村振兴先进会员和先进个人、射阳县供销合作总社先进个人、射阳县丰收达人等称号，2021年当选射阳县第十六届人大代表、射阳县家庭农场协会会长。

## 一、回乡创业，当好科技致富带头人

尤为平回乡创业前，一直在供销社上班，后来供销社倒闭了，头脑灵活的他和同事一起搞服装批发，生意还不错，收入也挺不错。考虑到自己年龄增长和父母逐渐变老，尤为平萌生了回乡的念头，还有家乡的发展变化也吸引他回乡再创业。2012年，他结束了服装生意，回到了家乡，经过多方调研，开始流转土地，种植稻麦。当年只流转到120亩，刚开始种植，什么都不懂，也不敢多流转。种植时，零基础，一切从头学起，自己订阅各类科技杂志，积极参加各类技术培训，主动向县、镇农业技术人员请教。经过2年的学习与摸索，不但掌握了稻麦种植与管理技术，还能为周边农户提供技术指导。为了发展壮大，2014年创办了射阳县新坍镇为平家庭农场。农场创办后，带头试验示范运用各类新技术、新品种，水稻从人工栽插到旱育抛秧，再到水稻机插与秸秆还田集成技术、水稻机械条播与秸秆还田集成技术应用，小麦从人工撒播到机械条播与秸秆还田集成技术应用，水稻试验示范新品种淮稻5号、南粳9108等。近年来，优质食味稻南粳9108种植面积达2.5万亩，机插秧面积达2万亩，充分发挥了示范辐射带动作用，加快了周边农户运用新技术、新品种的步伐，促进了农民增收、农业增效。

## 二、示范辐射，当好科技致富领路人

农场创办以来，一直种植稻麦，虽然不断发展壮大，但经济效益平平。农场如何发展壮大，实现跨越发展是尤为平一直思考的问题。经过多次外出考察学习，尤为平认准芡实种植产业，于 2019 年试验示范种植 50 亩芡实并获得成功，当年实现纯效益 15 万元，远远超过稻麦轮作效益近 10 倍。找到"致富钥匙"的尤为平在地方党委政府的扶持下，依托大户带小户、合作生产的模式发展芡实种植，种植过程中，尤为平手把手、面对面、零距离指导种植户，实行标准化生产，严守农产品质量安全底线，农事操作严格执行农产品质量安全技术规程，率先运用化肥农药减量施用、病虫害绿色防控技术，同时做好生产记录，实现生产过程可溯源，保障生产安全、产品安全和生态安全。现如今基地已扩大到 1 200 余亩。芡实种植规模的扩大也给周边农户提供了不少就业机会，周边土地流转的农户，大家都来种植基地打工，固定工每年收入不低于 6 万元，季节雇工收入不低于 3 万元。

## 三、开拓创新，当好科技致富探路人

为了能更好地将农场种植的农产品销售出去，提升农产品价值，获得更多利润，尤为平注册了"尤其理想"品牌商标，大胆尝试利用电商平台销售自己种植的芡实。芡实不仅有自己的商标，还有自己的"身份证"和包装，通过微信扫描包装盒上的溯源二维码，芡实种植过程清晰可见，让城里人吃上农村放心的农产品。2022 年利用电商平台销售芡实 12.5 吨，产品远销福建、安徽、广东等地，实现电商销售额 250 万元，利润 90 万元，大大提高了知名度。

# 安　徽

## 绘就稻虾共生图

长丰县造甲乡生态龙虾养殖协会　任　浩

2022 年 9 月的一天，安徽省科技特派员稻虾共养技术培训班、合肥市科协"科技专家服务基层志愿行"活动走进长丰县造甲乡，培训活动由造甲乡生态龙虾养殖协会承办。该协会会长任浩在稻虾养殖方面可是一把好手。任浩是一名返乡大学生，履历包括农文旅规划设计与运营、稻虾养殖、农业科普等，工作经历很丰富，但最令他骄傲的，还是从事农业科普工作。

## 一、科技服务，有了工作站

作为一名大学生，任浩深知科学技术的重要性，也不断尝试通过引导农民掌握先进生产技能来增收致富。在协会里，任浩联合多家科研院校，积极探索健康养殖新模式、高效养殖新品种，推进健康养殖新技术创新，帮助协会会员增收、农业增效。

为了更好推广健康养殖模式，协会投入资金近 120 万元，组建起市级、省级科技特派员工作站。一方面，工作站要创新优质健康养殖技术体系；另一方面，进行新技术指导推广，加强会员稻虾种养技术科普宣传。

安徽省水产技术推广总站李正荣团队是科技特派员工作站的核心团队，团队成员在优质水稻、疫病防控、休闲生态等方面均有创新性成果。工作站现有科技人员 12 人，其中高级职称人员 4 人，中级职称人员 6 人。每年，所有外聘科技特派员累计在站工作总天数 149 天。

最终稻虾种养新模式被探索出来，该模式极具经济、生态、社会效益。实行稻虾共生种养模式后，水稻和龙虾形成生物链，共生投入成本与单种、单养投入成本基本持平，总体效益基本翻番。龙虾将稻田中的杂草、害虫作为饵料食用，虾的粪便为水稻提供了所需的基肥，减少了化肥、农药投入，有效防止了农村水源污染。

## 二、技术推广，有了服务中心

在协会的努力下，建成了现代化的科技综合服务中心。科技培训楼有 240 平方米，科研和电教培训设备齐全。在这里，协会开展技术服务与指导、政策宣贯与推广、知识讲座等科普活动，助力农村科普队伍建设。

"我们综合运用信息化、智能化等多种手段为群众提供科普服务，如运用短视频、即时聊天等网络平台开展科普宣传，通过网络指导、线上培训等方式开展在线服务等。"任浩说。

在稻虾种养模式取得良好收益后，任浩利用科技特派员工作站和服务中心的优势，为周边养殖户提供技术培训，推动全面的水稻种植，加快优质龙虾的推广养殖。目前，协会共计培训农户近 8 500 人，提升了养殖户的技术水平，同时每年新增会员 30 户，年增加产值 600 万元。

除了自己讲，协会也承办大型科普培训活动，邀请水产专家给农户开展培训。例如 2022 年 9 月在田间的培训活动，就是由安徽省农业科学院水产研究所、合肥市农学会特聘专家丁凤琴教授和安徽农业大学苏时萍教授给种养户讲授稻虾共养技术，30 余名稻虾种养户参加了培训。两位专家仔细叮嘱虾农，特别要抓住栽插水稻前的时期，培养虾苗，让虾农心里更有底。

新冠疫情防控期间，龙虾销售受到影响，任浩积极对接商家，帮助全县农户销售龙虾 30 多吨。他还在自己的抖音上开设课程，一边鼓励大家做好防疫，一边教授田间管理技术。

目前，协会建立了种养示范基地，其中种植面积 20 000 亩，水产养殖面积 1 000 亩，引进推广新品种、新技术、新产品共 7 项，服务各类新型农业经营主体 20 个，总产值达 600 万元，每年开展创业辅导活动 5 场，辅导创业人数 1 500 人次。

## 三、科普实践，期待发展提升

在参与科普工作过程中，任浩也不断总结经验，对于科普工作存在的问题深入思考解决方案。

任浩认为，还是要大力开展形式多样的科普活动。在数字经济时代，科普工作要顺应时代发展，要借力新媒体，投入人力、物力、财力，开展线上贴近公众、服务大众的科普工作，如充分利用官方新媒体短视频、官方图片和文字等。

科普工作还需要改进科普阵地，不能只停留在科普宣传栏上，更要加大科普线上建设的资金投入，尤其对平台建设，需要投入一定量的资金，满足公众的需要。

科普工作离不开人，基层一线科技人才的培养十分重要。应适当组织科普工作培训，提升科普工作者的能力，适应现代科技发展，建设一支具有一定业务素质的科普工作队伍。积极依托创新驱动助力工程示范区创建，协同创新服务基地、科技服务站等服务平台，搭建产学研用合作平台。

# 推广稻虾共作　带动群众致富

枞阳县金江特种水产养殖农民专业合作社　方爱春

方爱春，生于 1979 年，2010 年他承包了 50 多亩荒田养殖泥鳅，但由于缺乏经验，第一年出现了亏损。他没有泄气，多方寻求技术帮助，很快掌握了泥鳅稻田套养、沙塘鳢人工繁殖等技术，第二年便实现了扭亏为盈。2012 年初，方爱春成立了枞阳县金江特种水产养殖农民专业合作社。2016 年，他尝试稻虾综合种养带动群众脱贫致富。

## 一、攻克繁殖技术，助力村民脱贫

合作社成立以来，先后攻克了泥鳅和沙塘鳢人工繁殖技术。结合当地实际制订了稻虾综合种养技术规程。合作社通过开展克氏原螯虾苗种规模化繁育技术研究与应用，包括繁育设施的技术改造、大规格规模化人工繁殖、规模化网箱育苗等关键技术，为克氏原螯虾育苗生产提供借鉴。同时打造县优质苗种规模化繁育示范基地和高产高效健康养殖示范场，带动了全县养虾产业的健康发展。实行科研＋合作社＋示范区＋农户的运行机制，形成了一套行之有效的克氏原螯虾规模繁育与养殖标准化的示范推广体系，并建立核心示范基地 1 100 余亩。

对于脱贫前没有劳动能力的贫困户，合作社与其签订《土地入股协议》，通过土地流转的形式承包，实行稻虾综合种养。入股入社的贫困户优先享有保底收益和分红，实现生产基地利润二次分配。此外，合作社还通过吸纳村集体合作社的扶贫资金，签订扶贫资金入股协议，保障每年不低于 8% 的保底分红。先后与本镇大港、白荡湖等 5 个村集体合作社签订了协议，累计支付分红收益 27 万元。

合作社与农户签订劳动合同，长年聘用的，平均月工资超过 2 500 元，季节用工每天130元。同时，合作社义务为他们提供技术指导、业务培训和低价虾苗。到2022年底，合作社累计带动脱贫户养殖龙虾325户，养殖面积5 000余亩，在合作社的带动下，这些脱贫养殖户年养殖收益均超过1.8万元。

## 二、普及先进技术，助力乡村振兴

合作社十分重视先进技术的普及与创新，先后与枞阳县渔业技术推广站、安徽省水产技术推广总站、安徽省水产学会签订了长期技术合作协议，建立了安徽省水产学会驻枞阳县专家工作站和服务站，成立了企业科协。

为进一步办好稻渔综合种养培训基地，增强培训能力，加大培训力度，在设施上，合作社不断增加培训教室和培训器材，完善多媒体电教系统，多途径引进培训师资。在培训方面，不断扩大规模，近几年共举办农民种养科普培训35场次以上。为扩大覆盖面，合作社在开展稻渔综合种养培训的基础上，增加农产品深加工、农产品品牌打造和农村剩余劳力转移等培训课程。通过培训，提高农民的整体素质和种植养殖技术水平。坚持做好稻渔综合种养新品种的示范试验，科普基地不断引进推广新品种、新技术，为农民做好服务。依靠政府部门和高等院校的科研成果，创新更多高效益养殖模式，并做好示范推广。开展创意基地建设，开发创意稻渔综合种养新产品、新模式，做好创意稻渔综合种养示范，引导农民致富。

## 三、成立产业协会，推动融合发展

企业科协成立以来，坚持科技强农、机械强农，十分注重服务与带动一方农业和农民，牵头成立了枞阳县龙虾产业协会，经常与同行交流种养技术，并组织去外地学习考察，不断总结提高、推陈出新，推动一二三产业融合发展。

　　合作社先后被评为全国基层农技推广示范基地、渔业技术推广站推广示范基地、国家级水产健康养殖示范场、安徽省农民田间学校、安徽省科技特派员工作站、中国水产学会科普教育基地等；方爱春先后被评为铜陵市残疾人自强模范、"铜都英才计划"第一批乡土人才、铜陵市百名优秀党员、枞阳县优秀科技工作者、全省自强模范、百优保供先锋等。

# 推广蔬菜种植技术　助力乡村产业振兴

五河县盛泰种植专业合作社　贾廷林

　　五河县盛泰种植专业合作社坐落于五河县大新镇郭府村，于2017年1月注册成立，合作社负责人贾廷林2018年参加蚌埠市新型农业经营主体带头人培训，2021年参加五河县高素质农民农产品电商培训。合作社占地面积约569亩，以杂粮、蔬菜瓜果种植与销售为主，现有蔬菜种植大棚105座，占地162亩，其中包含冬暖式高档蔬菜大棚5座，连栋温控大棚1座；露天蔬菜种植80亩，麦套瓜套红小豆特色种植170亩。入社农户115户，长期务工就业人员50余人，其中长期务工脱贫户22人，人均年收入2万元左右。

## 一、成立合作社，带动群众脱贫致富

　　2016年下半年，贾廷林召集郭府村一些有种植经验的农户，在田间地头开展调研，并走村入户与乡亲交心，经过反复论证，先后流转土地570余亩，成立了五河县盛泰种植专业合作社。为有效提高农产品附加值，贾廷林投资兴建了五河县明侯故里电子商务有限公司，2021年购销当地红小豆10多万千克，其中以高于市场价收购40户脱贫户红小豆2万余千克，实现销售收入103万元，创造效益23万元。在发展产业的同时，致力于带动群众脱贫致富，以扶贫项目＋基地＋农户的经营方式，实现带动主体、贫困户双赢，户均增收3 500元以上；利用特色种养资金入股方式，与64户脱贫户合伙发展，年收益不少于400元；吸引就业30余人，其中长期务工脱贫户2人，人均务工年收入15 000元左右。2019年贾廷林被评为五河县脱贫攻坚带头人，在2020年度全省党员干部现代远程教育"双创双争"评选中，贾廷林荣获"学用标兵"荣誉称号。2021年度合作社获得"中国农民合作社全国500强"殊荣。2021—2022年，合作社依托乡村振兴帮扶单位资源，完成总额200余万元的消费帮扶订单供货任务，带动近300户农户参与经营实现增收，为村集体贡献近10万元经营性收益。

　　2022 年，贾廷林响应国家号召，自筹资金 100 余万元，在政策的支持下新建蔬菜保鲜库 1 200 平方米，保鲜库的建成能够有效规避市场、季节、气候的风险，最大化实现附加值提升。在贾廷林的带领下，郭府村蔬菜、杂粮种植规模日益壮大，改变了过去的传统种植模式，由种植市场价格低廉的大白菜转向种植经济效益较高的香芹等，有效提高了蔬菜生产的经济附加值。

## 二、建设科普阵地，促进蔬菜产业发展

　　合作社集科技种植、科普培训、立体开发、科学管理于一体，围绕群众增收致富，致力于当地蔬菜产业发展，大力推广科学管理、科学种植，积极引进、培育、开发新品种，发展形成优质蔬菜生产基地 5 000 余亩，年产优质蔬菜 500 万吨，年交易额 1 500 万余元。

　　合作社建设 200 平方米线下科普阵地，全年对外开放，同时线上设立微信群，线上、线下同时进行科普。一方面，积极构建科技致富和带动平台，打造郭府村蔬菜科普示范基地。从当地实际出发，把科普示范、科技带动作为推动产业发展的重要抓手，按照"兴一个产业，富一方百姓"的工作思路，制定优惠政策、扶持龙头企业、搞好科技示范服务，大力普及科学知识，促进蔬菜规模迅速扩大，成为大新镇的主导产业。另一方面，实施强强联合，带动蔬菜产业大发展。积极聚集优势资产和科技力量，大力促进合作社、企业、基地、农户间的联结，积极组建蔬菜产、供、销一体化产业。由合作社牵头，先后吸收了 4 个蔬菜种植基地，同时合作社还组建多人的经纪人队伍，包括产前技术扶持 6 人、产中收获 100 余人、产后销售服务 10 余人。蔬菜产业的繁荣带动了全镇相关产业的发展，如蔬菜加工、运输物流、储存等配套服务项目已初具规模。

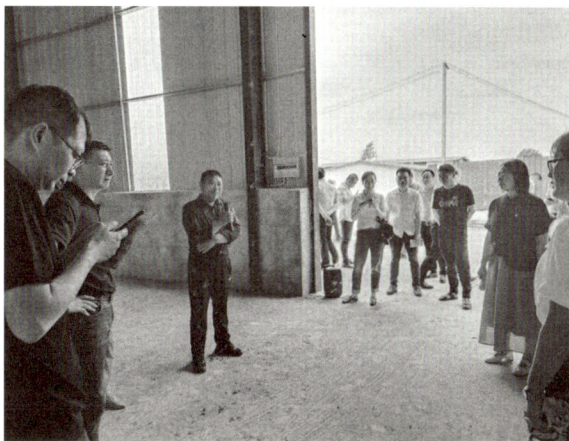

2022年以来，合作社在政府部门指导下，组织当地农户，围绕田间实用技术、知识，通过观摩学习、田间指导、现场培训、技术交流等形式，先后举办科普相关活动32次，活动得到当地政府和群众一致好评，并在相关新闻媒体报道近10次。

# 科普服务"惠"乡亲

宁国市杨家海家庭农场　杨树祥

　　面对传统种植技术经济效益低下，特别是大多数青壮年选择外出打工而出现的抛荒田现象时，杨树祥萌生了放弃大城市生活回村当新农人的想法。2016年，杨树祥参加了由宁国市农业农村局举办的新型职业农民科技教育培训班。培训班上安徽农业大学教授和市粮油种植专家悉心讲述了科学种植的各方面技术要点，他认真学习，还专门在培训期间开展了考察，开阔了视野。2018年，杨树祥毅然决然回到家乡，组建了杨家海家庭农场。他一方面完善自身的生产技能，在市农业农村局的引领支持下，采取农作物病虫害绿色防控、化肥农药减施增效技术和农作物秸秆机械化还田技术等现代农业科学技术，综合开展农业生产和相关试验示范；另一方面加强对周边农户的引导，通过示范带动，为农民提供机械化服务和技术指导，让更多的农户参与到粮油产业建设中来，辐射带动100余户农户的发展。杨家海家庭农场先后被评为省级农民田间学校、宣城市级示范家庭农场、宁国市水稻病虫害绿色防控核心示范区、宁国市科技示范基地、粮油精耕细作示范区、宁国市种粮大户等。

## 一、加强科技应用，实施先进技术

　　按照技术方案时间节点要求，并根据农事开展实际情况，在宁国市农业农村局技术专家的指导下，及时落实各项技术措施。1～2月开展在田作物田间管理工作，主要包括油菜科学除草和科学施肥；3～4月开展油菜、小麦病虫害无人机飞防；5月开展油菜、小麦机械化收割和秸秆还田；6月开展水稻播种、水稻前期病虫害绿色防控、水稻侧深施肥等；7～8月开展水稻病虫害绿色防控，落实各项绿色防控技术，开展水稻病虫害无人机飞防；9月进行水稻田间管理；10～11月开展水稻机械化收割和秸秆还田、播种油菜和小麦及开展油菜和小麦科学除草、施用配方肥等工作。

通过推广实施农作物秸秆还田、病虫害绿色防控和科学施肥等技术，田间施药次数和施药量明显减少，作物产量大幅提升，增产效果明显，2022 年小麦亩产达到 400 千克左右，较往年增产 10％以上；水稻亩产达到 600 千克，较往年增产 15％左右。

## 二、建立示范基地，开展农技培训

根据宁国市农业农村局要求，并结合自身农场农事生产实际，制定了《2022 年宁国市杨家海家庭农场农业科技示范展示基地实施方案》，按照方案要求建立了 600 亩农业科技展示基地，开展各项农业技术展示。目前已开展 4 次培训观摩：小麦赤霉病无人机飞防现场会、农药调查暨科学安全用药技术培训会、植保无人机操作手技术培训会、农作物病虫害全程绿色防控技术培训会。

## 三、开展科普服务，提供服务指导

家庭农场共拥有植保无人机 2 台、大型整田机械设备 2 台、秸秆粉碎机械 2 台、收割机械 2 台、20 吨烘干设备 2 台、20 吨成套大米加工设备 1 套、装载机 1 台。利用这些机械设备，杨树祥主动帮助周围农户生产，缓解农村种田老龄化问题，减少撂荒田。

科普活动和服务的开展，吸引了周边农户和种植大户、家庭农场等农业经营主体开展实施绿色、高质、高效农业生产技术，切实增强了农业生产经营主体科技成果应用水平。

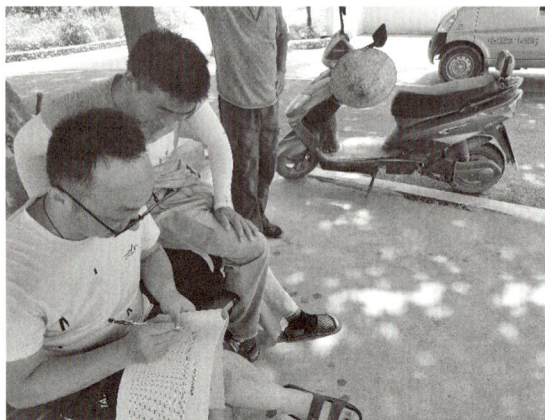

　　杨树祥在种了几年地后，深感农民朋友的不容易。尤其是在粮食成熟时，如遇多雨天气，粮食晒干不及时，会导致粮食霉变。农民辛辛苦苦种粮一年，不但没有收获，而且很可能倒贴，致使农民不得不放弃种粮，导致了越来越多的田地荒废。为改变这一现状，杨树祥产生了一个大胆的想法，架设烘干机。2020年底，杨树祥找到村镇领导申请农业设施用地。村镇领导非常支持，经过几个月努力，农业设施用地建设终于得到批准。可新的问题也迎面而来，建设厂房、架设烘干机需要大量资金，杨树祥将这几年的收入全部投入进去，终于在2021年9月烘干机正式投入使用，当不断有农民朋友在这里烘干粮食并卖出好价格时，杨树祥发自内心地为他们感到高兴。

# 信福乡田里种出科普花

安徽信福乡田生态农业有限公司　周爱峰

安徽信福乡田生态农业有限公司主要从事生态循环农业、有机稻米、功能性稻米生产加工与销售。以全国农业劳动模范——周爱峰为负责人的安徽省劳模创新工作室，带领一班农业技术中坚，紧紧围绕产学研一体，不断壮大基地实力，助力乡村振兴。公司实现自身发展的同时，积极助力周边乡村农业共同发展，促进周边农户和脱贫户增产增收。周爱峰本人先后被授予全国农业劳动模范、全国百名优秀学员、安徽省农村产业发展带头人、安徽省百佳新型职业农民、安徽省种粮大户、马鞍山市乡村振兴带头人、和县双十佳致富带头人、和县农民专家等荣誉称号。

## 一、攻关科研项目

两年来，公司先后实施了国家重点研发计划项目子课题、马鞍山市农业产学研合作项目、安徽省重点研究与开发项目——长江流域粳稻抗洪绿色配套技术研究与集成示范等。开发的"有机稻种植复合循环模式"被列为安徽省农业农村厅重点示范推广模式，2022年开发的"信福乡田优糖米"被农业农村部农产品质量安全中心认定为特质农品，属安徽省唯一。申请发明专利46项，已获得8项发明专利、10项实用新型专利、省科技成果转化9项。

## 二、示范带动农户增收

两年来，周爱峰用自己的努力带动周边农户稳产增收，吸收周边农民58人就业，有效解决了农村剩余劳动力问题。公司积极开展新品种示范推广，通过不定期的技术培训、技术观摩和秧苗统育统插、病虫害统防统治、产品统购统销等，不断提高服务水平。两年时间共组织观摩培训 300 人次，进村入户指导农户 180 余次，累计培训农民 5 000 多人次，示范推广新品种新技术 10 多个，带动周边 20 户贫困户实现脱贫，赢得了广大农民的充分认可和当地政府的高度肯定。

## 三、投身校园农业科普

很多家长抱怨，现在的学生几乎没有见过农田，分不清水稻和韭菜，更不了解现代农业生产工具。这激发了周爱峰向学校学生开展农业科技普及的想法。周爱峰从 2021 年下半年和星光学校对接，尝试开展农业科普宣讲。小学生虽然没有系统地学习和探究过水稻种植，但是米饭是学生日常主食，他们对米的认识有一定的储备，有利于他们怀着一颗好奇心开始"追寻一粒米的生命之旅"，并在探究的过程中，真正理解"把饭碗牢牢端在自己手中"的重大意义，深刻认识到"粒粒皆辛苦"的珍贵道理。2021 年 9 月至 2023 年 5 月，信福乡田团队辅导星光学校开展"追寻一粒米的生命之旅"科学教育，该活动吸引了近 3 200 名学生和家长参与。2023 年，星光学校"追寻一粒米的生命之旅"科学教育方案获第 38 届安徽省青少年科技创新大赛二等奖、马鞍山市青少年科技创新大赛一等奖，并在安徽科学网、皖江晚报、安青网、安徽科技学院网等多家媒体进行了专题报道。

在青少年群体中开展科普工作，周爱峰采用的是宣讲＋实物＋指导＋参观模式。周爱峰到学校开展水稻种植宣讲前，他会利用孵化器发一些秧苗带给学

生感受，尝试在班级植物园地种植，在学生遇到困难时给予指导，在插秧或收获的时节，组织学生到农场参观，了解水稻种植过程和加工过程。信福乡田团队建立数字化农业工厂，联合物联网技术建设土壤墒情监测系统、植物保护监测系统、气象观测系统、苗情观测系统、无人机飞防系统、大米加工生产线、谷物烘干系统、灌排水系统、低温库等，将农业生产过程通过数字化、信息化展示出来，使科普更加科技化、智能化、信息化。

# 农村致富带头人

和县芸胜蔬菜种植家庭农场　王跃胜

　　2019 年 3 月，王跃胜创办了和县芸胜蔬菜种植家庭农场。王跃胜自 20 世纪 80 年代后期开始从事蔬菜大棚种植，具有丰富的农业经验。2010 年，为了让更多的农民吃上"技术饭"，王跃胜在青海省海东市乐都区进行了四年的农技帮扶。在创办家庭农场时期，王跃胜心系村民，积极引进新品种、新技术、新设备，在实践成功之后推广给周边村民，特别是远程控制水肥一体化和微滴灌新技术的普及，让一方群众走向了致富之路。王跃胜本人于 2017 年荣获和县第七届农民专家称号；2021 年被评为马鞍山市劳动模范，同时获评"农民技师"中级职称。

## 一、开展多种形式的科普宣传

　　2018 年开始，王跃胜担任安徽省农业广播电视学校和县分校（和县农广校）的农业技术培训实训指导老师，让更多的人了解提升大棚蔬菜效益的方法。他不仅自己积极参加培训活动，还积极宣传号召邻村和周边农户积极参与，同时将和县芸胜蔬菜种植家庭农场作为培训班的实践基地，为大家介绍蔬菜多样化栽培与品种选择、水肥一体化与物联网技术等一系列实践课程，在丰富课程内容的同时，更好地分享自己的种植技术。

## 二、狠抓新品种、新技术的推广与应用

　　近年来，太平村秋延辣椒在市场上很抢手，王跃胜敏锐地捕捉到秋延辣椒的发展前景，着力种植高产量、高品质辣椒。在辣椒品种上选择无名 1 号、久盛等适合本地生长的秋延辣椒，在种植方式上由原来一个大棚种八行辣椒改良为种六行，这样能使辣椒享受到更充足的光照，从而使其长得更大更饱满，该

种植方式让秋延辣椒产量比以往增加 10%，品质提升 30%。同时，改良本地番茄种植技术，在取材、苗床准备、扦插后管理等方面积极探索，将番茄生长株上多余的枝杈剪下后进行扦插育苗，番茄压蔓后进行及时吊蔓，使育苗周期缩短，实现了提早上市，并且保持了品种的优良特性。

## 三、建立农业基地，一对一技术科普

为了让农业生产向规范化、多样化方向发展，王跃胜积极扶持重点户、示范户，使他们成为种植带头人。其他没有经验的村民，王跃胜就把他们的事当作自己的事来办，免费为他们提供技术服务，传授大棚蔬菜种植技术，亲自到大棚中进行一对一指导，言传身教并重，使种植户都能掌握大棚蔬菜的种植、管理技术，同时种植户的技术水平也得到了显著提升。

# 奏响品牌水产养殖业致富曲

安徽省芜湖市南陵县许镇镇奎湖水产养殖协会　许长国

安徽省南陵县许镇镇奎湖水产养殖协会现有会员 412 个，包括养殖基地、合作社、公司、家庭农场、养殖大户、农技服务中心等。在会长许长国的带领下，会员大力普及推广水产无公害标准化养殖技术，为养殖户提供产前、产中、产后服务，辐射面积超 0.84 万亩，受益群众 9 000 余人次，力争把南陵县水产养殖事业做大做强。通过协会＋公司＋合作社＋基地模式，带动农民共同致富。据不完全统计，通过示范带动，全镇及周边水产养殖户每年亩均增收 300 元，经济效益、社会效益显著。

## 一、实施农产品品牌战略

为促进南陵奎湖水产品牌打造，2005 年南陵县许镇镇奎湖水产养殖协会申请注册了"奎湖"牌河蟹商标，并获得中国绿色食品 A 级产品认证；2008 年河蟹、甲鱼、青虾、白鲢等 15 个产品获有机食品认证。协会帮助成员开展系列品牌建设行动，被评为省级水产科技示范园、省级无公害水产品基地，获得了安徽省科学技术协会"金桥工程"项目二等奖，并注册"池家湖"等水产商标 6 件。2018 年，协会牵头，成功申报"奎湖鳙鱼"为国家地理标志保护产品，并明确登记"奎湖鳙鱼"农产品地理标志地域保护范围。"奎湖鳙鱼"品牌效应的不断提升，许镇镇乃至全县水产品的市场竞争力必将进一步提高，市场占有份额也将不断扩大。

## 二、推行智能水产养殖技术普及

水产养殖环境对象具有多样性、多变性以及偏僻分散的特点，亟须数字化、信息化养殖手段的应用和普及。为实现科技赋能水产养殖业，许长国积极与安徽省农业科学院水产研究所等科研院校联系，及时捕捉新的渔业信息，为南陵县乃至周边地区的渔业水体生态修复、渔业水质管理、渔业机械运用、生物细菌在渔业生产中的运用等高新技术的普及与推广提供保障。利用现有培训平台，先后举办养殖技术培训班、观摩会 20 余期，培训养殖户 3 000 余人次，带动农民科学素质提高。此外，协会还注重青少年科普工作，多次举办"渔业科普进课堂"等活动。

## 三、以协会为平台通过"三变"有效组织农户成立农业联合体

组织农户开展"三变"试点利益联结，将农户资源变资产、资金变股金、农民变股东，带动农户加入协会，通过统一采购、统一销售、统一管理、统一生产、效益统一分配等方式，带动农户共同发展。

# 江　西

## 匠心筑梦现代农业　科普引领乡村振兴

江西北兴众创农业发展有限公司　戴中华

戴中华，生于 1983 年，中共党员，江西北兴众创农业发展有限公司总经理，萍乡市湘东区排上镇制种能人、湘东区科学技术协会兼职副主席，中国农学会科技志愿服务总队萍乡市北兴众创科普兴农分队队长。2015 年从事农业以来，戴中华将专业制种和现代农业有机结合，逐一探索、破解各种农业难题，在湘东区无偿推广、普及无人机植保机械化作业，先后培养出 15 名专业农机手，带动周边农户 200 户，带动贫困户 20余户，带动就业人员 500 余人。

### 一、科技兴农，带领村民共同富裕

作为一个从事 IT 行业多年，又有农业情怀的当代青年，戴中华对身边的现代农业出现的各种现实问题，一直有着自己的观察与思考。转型做农业并逐步走上轨道后，他开始有意识地带着问题去参加全国各种现代农业科技展会，向同行请教学习，先后解决了多个本土农业中存在已久的瓶颈难题。

稻田植保工作长期以来依赖人工进行，作业时间长、工作效率低、喷洒危害性高，尤其是随着农业劳动力资源的日益稀缺，农田施药成为困扰农业发展的一大难题。戴中华利用自己从事 IT 行业多年的优势，广泛考察、比较了国内多个植保无人机公司，于 2017 年最终确定了引进机型，成了萍乡市首个引进植保无人机的农业专业合作社，在省时省力的同时，又减轻了农药对环境的污染，提升了农业病虫害防治效果。

自己试验成功后，戴中华开始在全区范围内无偿推广、普及无人机植保机械化作业，并及时跟进掌握无人机的更新换代。一有新技术、新设备就及时与同行交流。对于他正在进行的农业现代化的探索和创新，戴中华表示：自己试验成功后，他将像无人机植保机械化作业一样，全区免费宣传推广。

曾有人问他："中华，教会徒弟饿死师傅，你这样做为什么呢？"对此，戴中华总是笑笑答道："我不这么认为，我觉得这是我们一起在做大制种、农业这份蛋糕。只有更多的人齐心协力，我们的事业才能越来越红火。"

## 二、身体力行，升级农技培训课堂

在开展科普活动中，戴中华为确保知识供给"听得进"，把握"精准精细、顺时顺意"的培养要求，通过小班授课、短期培训、专题研讨等方式来实施教学，将"我讲你听"的传统授课模式变为实地走访、互动交流、知识比拼等有趣体验，充分激发学员的参与兴趣。真正在因材施教中升级培训课堂，确保知识供给"听得进"。

多年来，制种稻插秧难的问题是萍乡打造种业大市的一大瓶颈。针对这一问题，戴中华先后到广西桂林、广东湛江等地考察学习，从浙江引进专门插秧机，到台州定制插秧机秧盘等。2021年在自己的制种田进行试种取得突破。2022年在更大面积的稻田中进行试种。试种成功后，立刻在2022年9月27日举行杂交水稻机械化插秧试验成果示范推广活动，展示示范水稻机插秧技术应用成果，加快技术推广应用。

2021年，戴中华带队到浙江考察学习，引进智能灌溉、水肥一体化系统，避免人为粗放管理，减少水肥浪费。目前，通过对灌溉系统进一步改进后，灌溉系统操作只需在手机上点一点就可以实现水肥智能管理，实现农作物的健康生长，更适合本地新型农业经营主体和规模小的农业大户。他把自己改良的方法及经验通过科普宣传的方式传授给一批又一批的农民和农业管理人员。以自身为示范做给农民看，引导农民引进新品种、新技术，生产适销对路的农产品投放市场。

## 三、迎难而上，提升农机服务水平

戴中华常说，要提高农机科技水平，引导农民使用先进适用的农机新技术、新机具，关键是增强农民的科技意识，而这要靠不断加大科普宣传力度。

他经常组织科技志愿者利用科技之冬、科普日、农机推广会等时机，对农民进行培训。每年组织的农机培训推广活动都在 3 次以上，技术讲座 2 场次以上，发放资料 300 余份，培训人数 500 人次。

2021 年 9 月 9 日，戴中华以高涨的热情和积极的态度组织开展了以"培养高素质高文化农民"为主题的植保无人机推广培训活动，形式新颖，内容丰富，全区 30 多人参加。该活动在中国科技志愿服务官网上发布并获得了"全国科普日优秀活动"的荣誉。

针对高素质农民培训工作目前普遍存在重培训、轻认证、轻扶持的问题，戴中华多次拜访当地农业农村局，与有关部门沟通交流，最终达成合作，申请了当地第一个拖拉机联合收割机考点。通过教学考证一体模式，使农民通过培训不仅能够学到技术，还能拿到有含金量的驾驶证。

# 让百合迎来春天

江西万载百合科技小院/万载县后稷百合食品有限公司　欧阳泉江

江西万载县白水乡素有"百合故里"之称，这里有个百合科技小院。小院成立三年来，持续为乡里的农户注入发展百合的强劲动力，让百合迎来新春、绽放新颜。

## 一、成立百合科技小院

2019 年，地道的白水乡人欧阳泉江回乡创办了万载县后稷百合食品有限公司，发展百合产业。经过几年的努力，公司已成为全省规模最大的百合粉食品加工生产企业。

欧阳泉江发现，百合存在产量低、病害重、良种繁育严重不足等种植问题，这降低了农户种植百合的收益和热情。必须解决种植中的难题，才能提高产量，让农户的收益得到提高。

说干就干，欧阳泉江决定成立一个针对解决百合种植问题的科技小院。2021 年，他集合各方力量，推动成立江西万载百合科技小院。这是经中国农村专业技术协会核准的全国第一家百合产业科技小院，依托万载县后稷百合食品有限公司，由江西省科学技术协会、江西农业大学、宜春市科学技术协会、万载县科学技术协会共建。

百合科技小院里，有 1 名首席专家、2 名以上农业专业研究生，每年入住时间不少于 120 天，从制度上保障科技小院的科研力量、科研时长。

不久，针对百合在万载县种植过程中存在的一系列问题，江西农业大学教授、育种学博士胡颂平带领 9 名研究生，入住万载百合科技小院进行技术攻关。灰霉病是白水乡百合种植的难题，以前农户想尽办法救治，收效甚微。在科技小院专家指导下，农户改治为防，后来万载县种植的百合极少出现灰霉病。

三年时间里，科技小院与南昌大学等高校专家团队开展密切合作，积极配合地方科协和科技部门先后组织十次百合专业技术讲座，共培训百合种植户1 032人次，壮大了当地百合种植人才队伍，提升了农民种植专业水平，扩大了万载县百合种植面积。

## 二、引进百合新品种

5月下旬，白水乡一年一度的百合文化旅游节花开迎客，众多游客在花田赏花游览。尤其是盛开的龙牙红格外引人注目，这是一种高产、花色红艳的百合品种，是科技小院的智慧结晶。

2022年，科技小院团队引进突破性食药用品种龙牙红，在白水乡、高城镇等地开展绿色高产栽培示范。欧阳泉江时常组织百合种植户、百合专业合作社，积极推广龙牙红百合新品种以及种植技术。新品种的种植与推广，突破了龙牙百合种球繁殖的技术瓶颈，极大提高了经济效益，帮助种植户降低了风险。

2023年8月中旬，白水乡永新村试验种植基地上，300亩龙牙红进入采收季，平均亩产1 500千克，最高亩产达2 500千克，龙牙红试种获得成功!

## 三、小院延伸新功能

品种单一、冲泡难，是制约万载县龙牙百合产业发展的又一难题。

2021年，科技小院利用南昌大学开发的食品加工技术，与周磊教授合作开展百合粉速溶技术和产品研发，开发出"阳澄桥"牌速溶百合粉，解决了百合生粉速溶难题。在当年举办的第二十八届中国杨凌农业高新科技成果博览会上，该产品获得"后稷奖"。

目前，公司已开发出10多个品种，其中百合粉速溶技术申报全国发明专利正在公示当中。下一步，公司将继续研发新产品，准备针对学生快餐、女性美容、老年养生等方面推出百合产品。

科技小院创建以及挂牌成立的三年来，在百合专业种植技术推广培训、新品种研发与推广、新产品加工技术研发等方面发挥着积极作用。通过引进百合优良品种、高产栽培技术体系、病害防治关键技术、百合加工和秸秆综合利用等，提升了百合的综合价值。

## 四、建设科普基地创品牌

在逐步解决百合产业化、规模化种植及产品加工难题后，欧阳泉江带领企业投资近 60 万元，在万载县 4A 级景区——万载古城，建设了万载百合文化馆，通过挂图、音像等各类新产品宣传推广万载百合。三年来万载百合文化馆接待游客及当地学校、单位团体共 8 000 余人次，强化普及了万载"龙牙百合"品牌，增强了品牌效应。

# "点茶"搭上电商快车

宜春市万载县康寿种养农民专业合作社　黎厚平

黎厚平，生于1979年，中共党员，大专学历，现为江西厚平农业开发有限公司董事长和康寿种养农民专业合作社理事长，曾被评为万载县"十大创业青年"、万载县"最美农民"。

## 一、重新认识"点茶"

2018年，在首届中国农民丰收节——生态鄱阳湖绿色农产品展销会上，江西省万载县高村源果蔬干获得展销会金奖，这让高村的"点茶"在省内有了知名度。

"点茶"走出高村，离不开返乡创业的黎厚平。

什么是"点茶"？

简单来说，就是用瓜果蔬菜晾晒制成的果干，类似甘薯干，被当地人称为"点茶"。

高村镇地处万载县正北部，享有"江南有机第一镇"的美誉。几乎每家每户都有晒制水果蔬菜干的传统。每到瓜果蔬菜成熟季节，万载县高村镇就忙碌了起来，他们采果收菜，趁天晴晾晒，加工制作的酸枣皮、柚子皮、辣椒皮、竹笋干、茄子干、南瓜干等，甘甜爽口。久而久之，就成了土特农产品"高村点茶"。

就拿柰李来说，柰李上市的时间短，当地人以鲜食为主，但在高村这里，就变了样。村民用糖、盐、甘草和辣椒作配料，纯手工制作，简单加工后，就成了一道独具特色的柰李干。

2017年，黎厚平观察到"高村点茶"虽然小有名气，从事生产的农户有上百家，但没有一家规范生产，质量参差不齐，卫生状况堪忧。

在长期的实践中，黎厚平认识到，发展种养业并不能全面提高农民群众的生活水平，而依靠科技进步，实行种植加工相结合，进行产业化生产，才能加速带动农民增收。于是，他通过多方联系，反复洽谈，创办了万载厚平食品厂，注册"高村源"商标，建起了玻璃晒场。

## 二、种出品质果蔬

黎厚平的食品厂办起来了，但具体做些什么呢？他决定通过食品厂，将零散的"点茶"加工转变成集约化生产与销售。

考虑到农户年龄普遍较大，水果蔬菜产量低，销路窄，没效益，黎厚平干脆买个小货车挨家挨户去收购。看到产量不行、品质不好的，他停下车来耐心讲解、传授果蔬高产高效技术。为了帮农户种出好产品，他白天下户去收购原料，晚上一遍遍做试验……掌握了技术后再为农户讲解种植技巧，一忙就到半夜，为此熬白了头。

早在 2009 年，黎厚平就返乡开始创业。当时农民合作社刚刚兴起，村里的多数青壮年劳动力外出务工，在家务农的人守着自家一亩三分地过日子，根本无法靠农业挣钱。

黎厚平见此情形，牵头成立了合作社，带领村民地里种西瓜、家中养黑兔。为了找出西瓜烂果的病因，炎热的中午他守在地头，找到原因、掌握技术后，再手把手教农户种植；为了养好兔，他买来书籍钻研，学会后传授农户兔子疾病的诊断和治疗方法以及母兔配种技术。

随后，黎厚平带头发动乡亲们流转土地，在灌溉便利的农田里实行有机鲜食大豆、水稻轮作，在交通便利的梯田上种植西瓜，在荒坡上围起铁丝网养殖跑山兔；合作社通过为村民提供种植养殖所需的生产物资、开展种植养殖技术讲座等方式，解决了乡亲们的种植和养殖管理技术难题。

## 三、打响"点茶"品牌

加工链不断完善后，如何销售成了又一个难题。

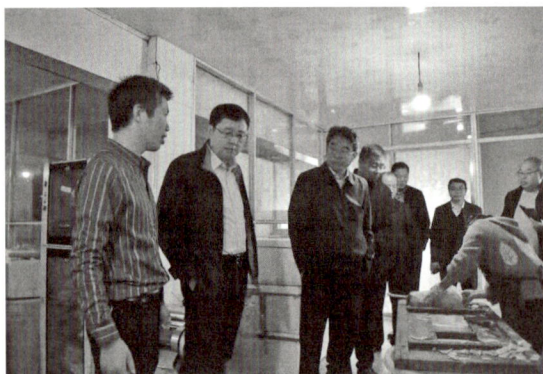

　　此前，万载县市场监督管理局工作人员经常走村入户，大力宣传商标品牌和保护知识。潜移默化之中，黎厚平心想：对呀，打造出响亮的农产品品牌！为把企业做大做强，他注册了"高村源"商标，成为"高村点茶"产品的首个知识产权。

　　在黎厚平的努力下，"高村点茶"终于有了更大的名气。2018年，食品厂生产的"高村源"果蔬干获得中国农民丰收节金奖！

　　借着获奖的东风，他又搭乘上农村电商的快车。黎厚平继续大量收购农户的瓜果蔬菜，加工成客家特色小吃，线下通过双创农业产业园等平台，线上通过抖音、淘宝、拼多多等平台销往全国各地。

# 为野生茶产业蹚出一条路子来

武宁县茶叶产业协会　李义全

李义全，江西武宁人，无党派人士，硕士学位，国家高级评茶师、全国百强乡土人才、全国百名高素质农民、《全国野生茶行业标准》主要起草人之一、江西省品牌建设先进工作者、九江市"创新创业领军人才"，现任武宁县政协常委、武宁县工商联（总商会）副会长、武宁县辽里村"名誉村长"、中国茶叶流通协会理事、江西省茶叶协会副会长、江西省野生茶专业委员会主任委员、中国农技协江西武宁野生茶科技小院院长、九江市太阳红野生茶研究院院长、江西省太阳红茶业有限公司总经理等职。

初冬，江西偏僻的小山村黄沙村，在省市县农技协支持创建的中国农技协江西武宁野生茶科技小院的太阳红野生茶优质种苗选育实验基地的苗圃园里，江西省野生茶专业委员会主任委员李义全与管理员一起查看管理记录，观察茶苗生长态势、土壤湿度、环境温度……

## 一、返村创业，志存高远

江西武宁县黄沙村太阳山谷，拥有 35 000 多亩原始森林，在海拔 600～1 300 米区域蕴藏着丰富的野生茶资源，树龄大多在 100 年以上。这里地处北纬 29°茶叶黄金生长带，是孕育优质茶叶的天堂。出身制茶世家的第四代传承人李义全毅然重拾祖上制茶技艺和"纱坦太阳红"品牌返村创业，成立太阳红茶业公司，确立"专注太阳山　潜心野生茶"的经营理念，走"差异化、高品质、野生有机茶"的高端品牌之路。

李义全深知在茶叶产品严重过剩、同质化严重的当今市场，按传统农特产的观念做茶产品，是很难在竞争中生存的，农技创新才是野生茶企业的核心竞争力。李义全数十次进山考察，历时一年多 260 多人次普查纱坦峰、独桥窝等 11 个区块野生茶共 5 000 余亩，申报并设立了"太阳山高山野生茶保护基地"，严格按照 SC 认证、有机认证规范要求。

省市县农技协上门帮助企业培训农民，前后进行了 16 次茶树养护、采摘加工、运输保鲜等技术专题培训。李义全感慨地说："农技协是我们乡土创业人的娘家和师傅。"

## 二、解决产业难题

难题总是出现在追求高远者面前。纱坦太阳红的创新路遭遇三大难题，也是整个野生茶产业的难题：认证难、评定难、无标准。

为了解决认证难，2018 年 12 月公司向国家认证认可监督管理委员会申报野生茶扩展品种和试点企业，2019 年野生茶成功进入目录，2020 年 5 月太阳红茶业获颁全国第一张野生有机茶认证证书，成为全国茶界划时代的重要标志，使全省 18 万亩野生茶和 5 万茶农受益。

为了解决评定难，公司成立研发团队，在农技协的指导下经过近百次试验，在传统工艺基础上成功进行现代工艺改良，并申报了 25 项专利。产品获得中国"华茗杯"全国第一名·特别金奖、世界红茶评选大奖、中国"中茶杯"特别金奖、中国庐山国际茶博会"茶王奖"等 70 多个荣誉，破除了野生茶难获奖的窘境。

为了解决无标准的难题，李义全积极推动和参与行业标准制定，2021 年与中华全国供销合作社杭州茶叶研究院（中茶院）合作，成为《野生茶》行业标准的起草单位之一，力求使野生茶行业"有标可依"。

## 三、助力科研服务生产

李义全广泛与高校科研机构合作，先后成立江西纱坦太阳红野生茶教研基地、江西纱坦太阳红野生茶科研中心、武宁县纱坦太阳红野生茶科技小院，现为中国农技协江西武宁野生茶科技小院，进行太阳山野生茶优质种源普查、分

析工作。为进一步对太阳山野生茶深入研究，省市县科协、农技协指导李义全依托科技小院组建具有法人资格的民办社会服务机构九江市太阳红野生茶研究院，设立野生茶优质种苗选育实验基地，引进专家团队，与江西师范大学共建武宁野生茶专家工作站，与九江职业大学共建武宁野生茶乡村振兴产教融合示范基地，开展重大课题研究，发挥科研服务生产、服务社会的价值，此举填补了野生茶研究的空白。"经过企业与研究人员对各地野生茶调查比对，太阳山野生茶资源在全省乃至全国具有资源品质优势，下一步经过 3～5 年的研究对比，培育优质种苗，扩大品种培育和推广，并进一步开展野生茶精深加工技术、恒温储存等方面的研究，服务行业发展，助力乡村振兴。"李义全说。

# 山　东

## 守正创新　科普向上

山东青晨食品科技有限公司　刘松庆

　　刘松庆，生于 1963 年，中共党员，山东青晨食品科技有限公司创始人，2010 年成立曹县青晨麻糖加工合作社、曹县青晨种植合作社。公司现有市级科研平台 3 个，芝麻酥糖、黑花生 QS 生产线两条，系列产品 18 种，职工 200 余人，研发人员 61 人。与山东省农业科学院建立了科研工作站及农业科技成果示范基地。现有省内外 20 个绿色种养循环科技创新示范基地，18 个经济作物高质高效有机种植观摩园。

## 一、发挥龙头企业中坚力量

　　刘松庆立足公司自身技术、市场等优质资源，充分发挥龙头企业示范带动作用，积极投身村企结对共建，联合专业合作社、家庭农场、农户组建产业联盟、产业联合体，打造乡村产业发展"新雁阵"。引入现代企业管理制度，推动农业与文化、旅游、教育、康养等产业深度融合，加强农业科技创新研发与先进生产技术推广，借力互联网拓宽农产品销售渠道，调动产业内经营主体积极性。

　　刘松庆将县域作为推进核心，打破镇村界限，依托特色资源，围绕优势产业与潜力产业，完善配套基础设施，纵深谋划引进现代农业项目，推动产业、资本、科技、人才等要素向农业产业、农产品加工、食品产业集聚，打造产加销贯通、贸工农一体、一二三产业融合发展的优势特色农业产业集群。通过延伸产业链、增加供应链、打通物流链、增强价值链，实现全环节提升、全链条增值、全产业融合。培育产业业态合理、效益显著、生态良好的示范品牌，打造"大刘庄""土字号""乡字号""老字号"特色农产品名片，形成标准化生产、产业化运营、品牌化营销的现代农业新格局，带动农业整体提质增效。

## 二、培养创新创业人才

刘松庆以科技研发企业中心共享平台为载体，努力培养科技人员和高素质农民。一方面，根据产业的特点、规模、需求，梳理现有人才资源数量、质量和分布情况，根据匹配度，制定具有针对性的人才需求计划和引育目标，达到"物尽其才、人尽其用"的理想效果。另一方面，联合院校开展"订单式"人才培养，在竞争优势明显、人才集聚效应显著的农业产业园区建设特色产业人才基地，着力培育扎根乡村、带动农民的人才队伍。畅通智力、技术，管理乡企通道，让产业吸引更多新农人创业兴业，鼓励他们投身农业经理人、专业技术员和高素质农民行列，领办创办手工作坊、乡村车间，融入农业产业全链条，让更多"土专家""乡创客"脱颖而出。

## 三、提高社员技术和效益

合作社成立后，坚持"民办、民管、民受益"的原则，以服务成员为宗旨，以市场为导向，以发展麻糖产业、提高社员的加工技术和效益为目标，首先按照食品安全生产标准要求，规范麻糖生产。一方面，组织成员集中参与技

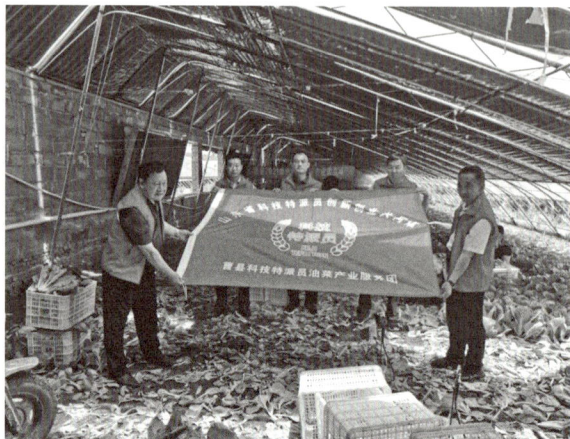

术培训，提高成员的加工技术和安全意识；另一方面，改造青晨食品有限公司加工设施，达到食品卫生安全生产标准，带动成员实施加工设施标准化改造，为生产安全卫生食品提供条件。其次规范原料供应、技术培训、产品包装、产品销售等环节，实行"六统一"管理模式，即统一提供原料、统一技术指导、统一产品标准、统一商标、统一包装、统一销售，使传统的、分散的、家庭小作坊式麻糖生产向标准化、规模化、集体化方向发展。

通过几年的建设实践，合作社得到快速发展，形成了合作社＋公司＋社员的生产模式，每年为成员采购供应原料 1 200 余吨，提供技术服务 200 余次，销售成员产品近 1 000 吨，实现销售额 4 500 余万元，实现利润 1 200 余万元。

目前，合作社带动农户 500 余户，户均增收 16 余万元，有效地促进了麻糖产业发展。

# 有情怀的新农人

嘉祥县乡情农作物种植专业合作社　徐小占

徐小占，生于1972年，山东嘉祥县满硐镇徐中村人，现任嘉祥县乡情农作物种植专业合作社理事长、山东祥恒农业有限公司总经理。徐小占原是一名山石开采加工户，2012年嘉祥县委、县政府实施封山禁采政策，他响应县委、县政府的号召，顾全大局，主动关停了正在经营的山石开采项目，积极主动转产转型，从事农业。2013年创办了嘉祥县乡情农作物种植专业合作社。为进一步促进合作社的发展壮大，徐小占2017年再次注册资金300万元成立了山东祥恒农业有限公司。公司现已成为集科研、繁育、种植、仓储、加工、销售为一体的综合性企业。

通过几年的发展，合作社从最初的5户发展到102户，辐射带动周边县市26个村2 500余户15 000余名农民，流转土地2 100余亩，拥有蔬菜加工车间1 200平方米，蔬菜保鲜库、冷藏库3 100平方米，日烘干粮食300余吨的烘干基地一处，组建了50多人的专业农机作业服务队。

## 一、一起富才叫富

徐小占深知，自己富不叫富，要带动周边群众一起致富，于是他把周边村队的闲散劳动力集中起来进行培训。为更好带动群众致富，有效促进科技精准扶贫，徐小占积极申报建设了集教育培训、成果转化、产品销售、精准扶贫、人才培养、交融发展等功能于一体的农科驿站综合服务平台。

合作社近几年每年承担两期济宁市嘉祥县新型经营主体带头人培训班。2019年开展县级培训班3期，市级培训班1期，2020年开展县级培训班3期，市级培训班1期，每期参与人数均在百人以上。此外，还开展产前、产中、产后技术培训与线上线下销售培训，农村一二三产业融合发展等方面的信息技术服务，使社员与农户每亩增收500元以上。

## 二、多元服务助农

在中国农学会科技志愿服务总队济宁市农业科学研究院科技分队帮助指导下，徐小占积极引进新品种、新技术，开展田间技术指导和咨询服务；主动宣传党的强农惠农政策；每年开展多次农技培训，不定期开展观摩培训。

邀请省级、市级、县级农技专家来公司指导、培训，传授农业种植技术、病虫害防治技术，并与退居二线的农技专家签订合作意向书，由这些专家给农户、家庭农场、合作社免费上门指导，避免种植风险。统一供应原料、统一技术指导、统一质量标准、统一产品品牌、统一产品销售，实施订单农业，规避了农户的收入风险。

## 三、科普力量大

物联网的发展给农业带来了转型机遇，智慧农业应运而生。得益于农机自动驾驶等技术的发展，无人化、自动化、智能化管理已成为农业经营的重要趋势。

嘉祥县组织种粮户到山东省寿光市学习，徐小占看到满装农药的无人机腾空而起，操作手只需调好参数，喷药自动进行，每亩还能节约成本一两百元。除了无人机自动打药，田间还配套了智能化物联网装备，可以自动控温、自动喷滴灌、自动通风、自动施肥等。回村后，徐小占立马拟了一份合作社发展智慧农业的计划：三年购置一批智能设备，推进智慧农业基础设施建设；五年智慧农业全部联网建设完成。

随着计划的逐步落实，各式各样的新农具成为嘉祥县数字化农业生产的"中坚力量"，农作物产量、效益实现质的飞跃。徐小占说："会种田，不如'慧种田'，十年种粮经历让我见证了农业翻天覆地的变化，'面朝黄土背朝天'的场景不复存在，科技赋能推动了'汗水农业'向'智慧农业'的历史性转变。"

# 科技兴农领路人

淄博临淄东科蔬菜专业合作社　于永先

生态宜居，谁来领跑绿色农业？生活富裕，谁能带路前行？在山东省淄博市临淄区，大家很容易就想到一个人——于永先。他是皇城镇蔬菜种植协会会长、淄博临淄东科蔬菜专业合作社理事长，长期从事蔬菜种植经营管理。

于永先2016年被评为市级"乡村之星"，2017年被山东省农业厅评为新型职业农民优秀典型，2018年被评为"全国百强杰出新型职业农民"、获得山东省农牧渔业丰收奖三等奖，2019年获得淄博市农业丰收奖三等奖、被山东省农村专业技术协会授予先进工作者称号，2020年被淄博市人力资源和社会保障局与淄博市农业农村局联合评选为农民农艺师，2021年获得淄博市农业丰收奖一等奖，2022年获得淄博市"最美科技工作者"提名奖。

## 一、创建农民田间学校

于永先跟"三农"有着不解之缘，他长期在农村从事科学普及、科技推广、科技扶贫、技术创新等工作，一直致力于农业技术研究，先后掌握了各项蔬菜种植技术、病虫害防治技术、种苗繁育与嫁接技术、生物工程组培与蝴蝶兰养护技术等。

2016年，在政府有关部门大力支持下，于永先在皇城镇成立了东科农民田间培训学校，专门聘请农业专家为学员授课，一次培训学员200人左右。通过培训让菜农成为新型经营主体带头人，解决教学培训与实践应用的"最后一公里"问题。

为了使科技真正入户，将科技成果实实在在地送到农民手中，使农户获得更高经济效益，于永先采用理论学习和实践相结合的方法，对蔬菜种植大户、农民合作社负责人、家庭农场主、科技示范户等进行专项培训。学校设有蔬菜实践专用大棚，专门供学员学习、实践，引进蔬菜新品种、新技术进行试验推广，同时让学员和菜农进行试验对比。通过培训学习增强了农民的自信心、生态意识、标准化生产意识和团队精神，提高了农民的自主生产、科学决策和自主创新能力。

几年来，东科农民田间培训学校先后举办各种农技培训班 30 多期，累计培训社员、菜农等新型经营主体带头人 6 000 多人次，经过培训，每人都掌握了先进的种植技术，较培训前平均增收 5 000 元以上，都成了致富能手。

## 二、带领农民共同富裕

于永先创办的合作社占地 1 200 余亩，累计投资 2 100 万元，建有蔬菜大棚 96 个，拥有多个特色蔬菜大棚供学员学习、观摩。合作社有专业技术人员 20 人，土专家 6 人，负责提供基地日常技术指导和培训时的现场指导。

科普基地实施的农业新品种新技术带动菜农致富工程，每年都为社员筛选引进适合当地种植的蔬菜新品种。几年来，先后试验推广辣椒、番茄、西葫芦、茄子等新品种 20 多个。引进水肥一体化技术、测土配方技术、无土栽培技术，实现施肥、浇水信息化采集和自动管理，使用复配基质逐步替代化肥农药，推广应用优良种苗、病虫害绿色防控和生物有机肥等，做到节水节肥、精准施肥，减少了土壤板结和盐碱化，还减少了土传病的危害，使产品质量明显提高，促进了高品质蔬菜产业化发展，实现成本降低 30% 以上、农药降低 80% 以上、化肥降低 40% 以上、产量增加 50% 以上，亩增效益 7 000 多元。引进示范的水肥一体化技术已在基地和周边 5 个蔬菜种植基地 7 000 多亩蔬菜大棚中应用。

同时，淄博临淄东科蔬菜专业合作社还充分发挥基地的辐射功能，通过一级带一级、骨干带四邻、典型带一般的示范效应，带动周边 4 000 多农户形成一方产业，引导农户在发展现代农业的过程中创业致富。合作社取得了 7 种蔬菜的绿色食品证书，年产量达 4 900 余吨，收入达 2 000 多万元，带动农民户均增收 5 000 余元。

## 三、科普兴农无私奉献

在抓好合作社生产经营的基础上，于永先和他的团队主动服务社员和附近菜农。依托农民专业合作社这个平台，对社员提供标准化的生产指导和服务，对蔬菜生产进行产前、产中、产后全程标准化技术指导服务；利用明白纸、农技简报、微信农技群等形式，向社员和菜农推广农业新品种、新技术，以及蔬菜管理、病虫害防治等经验做法。每年印制明白纸、农技简报等农业科技资料1 000 余份，发放到社员和菜农手中，每年提供农业技术咨询 1 000 余人次。至于深入农户和田间指导的次数，那就数不清了。农民常说："那真是有求必应，有难必解，可帮了我们大忙了！"

为了更好地服务农民，2021 年于永先成立了中国农学会科技志愿服务总队淄博临淄东科蔬菜科普兴农分队，每年举行 4～5 场科普活动。农民群众企盼学习培训，企盼导师指导，希望学习内容更实用，希望培训方法更灵活。于永先以技术为武器，以创新为动力，带领他的团队最大限度地满足农民群众的需求。

# 推动科技服务社会化

济南市章丘区新型职业农民协会　索玉明

2023 年 7 月，一场大豆玉米带状复合种植技术培训在山东省济南市章丘区新型职业农民协会培训基地举办，农技专家现场为学员进行技术指导。

像这样的农民培训，章丘区新型职业农民协会已连续承接 4 年。如今，协会现有会员（单位）800 余人（个），已成为全市专家开展科普志愿服务的"讲习所"。

## 一、搭建平台，提升服务能力

2018 年，章丘区新型职业农民协会（以下简称协会）成立。2022 年，在济南市科学技术协会指导下，章丘新型职业农民协会科普志愿服务专家主持济南农村专业技术协会新型职业农民培育专委会工作，并发起成立济南市新型职业农民培育科技志愿服务队，科普活动走上了"抱团"发展之路。

协会的成立，为"爱农业、懂技术、会管理、善经营"的高素质农民搭建起一个交流平台。

首先是创建粮食产业联盟。粮食产业联盟成员涵盖粮食购销人员、农机植保合作社、新型农业经营主体和种粮大户，成员有 50 人，总种植面积 30 000 多亩。联盟从农资供应、生产托管到仓储销售，实现产供销一体化服务。

其次是创建服务资源平台，实现信息共享。联盟围绕产、供、销、服各个环节，吸纳 3 家种子企业、6 家农药企业、5 家肥料企业进入联盟，通过联盟创建的资源共享平台，将市场需求信息直接传递给生产主体。

第三是组建专业化服务队伍。联盟搜集成员农机资源信息 50 余条，整合耕地机 23 辆、收割机 20 辆、播种机 30 辆、植保无人机 30 架，成立联盟农机服务大队和飞防植保大队，强化服务保障。

最后是开展科普志愿专家服务活动。根据成员不同产业和需求，帮助他们对接专家团队，解决成员在农业生产中的实际问题。

## 二、实行"三统一"，降低生产成本

协会还制定出相应章程、出台统一作业标准和采购方式，进一步降低联盟成员生产成本。

一是统一规章制度。志愿服务队协助粮食产业联盟制定了《济南市章丘区新型职业农民协会粮食产业联盟章程》，规范服务内容和各项管理制度 50 条，保证联盟健康发展。

二是统一作业标准。在种植经营上，实行生产资料购置、测土配方施肥、耕种、植保、收获"五统一"作业标准。联盟农机服务大队和飞防植保大队以低于市场价格 20% 的服务费为联盟成员提供服务，通过有效调配农机资源，向 100 多个小农户提供耕、种、防、收服务 1 000 余人次，为成员和小农户节约生产成本 500 余万元。

三是统一农资采购。直接与厂商谈判统一采购，统一向农户提供植保、农机服务，提高农产品质量，降低生产成本，服务周边近 10 万亩土地。联盟还与种业公司签订良种推广和繁育战略合作协议，首次推广良种小麦 10 000 余亩。

## 三、精准招生，开展定向培训

如今，协会已拥有镇、街乡村振兴工作站 18 个，乡村振兴服务站 100 个，社会化科技服务优势大大增强。通过工作站，协会从整理周边农户信息和了解农民培训诉求入手，实现精准招生，达到集中培训的目的。

在农业投入品宣传上，针对农民不同需求，有针对性地开展科普志愿服务活动，加大科学知识宣传普及力度，号召实施化肥农药减施等行动，实现节本增效提质。

2022 年，在小米种植期间，协会连续开展多场科普服务活动，发放宣传单页 2 万张，线上发布多篇每日科普知识，指导农户适时完播、镇压，正确指导农户选择返青肥和适时浇灌返青水。科普志愿服务指导过的麦田，产量普遍高于邻近同类地块 75 千克/亩，科普志愿专家的服务活动结出了丰硕的果实。

济南市新型职业农民培育科技志愿服务队成立农化知识大讲堂，解决农产品安全问题，制订有效解决方案，开展科协科普专家志愿服务活动。举办有关农化知识讲座 180 场次，每年受益人数 2 000 余人，有效提高了农民的科学生产意识。

根据章丘区作物区域布局和发展重点，结合培训对象的不同特点，综合考虑高素质农民培育等状况，协会有针对性地开展农民培训。协会以种养大户、家庭农场主、农民合作经济组织带头人、退役军人、回乡农民工等作为招生重点，助力培养适应现代农业发展需要及具有较高生产经营水平、较强产业发展能力和较大示范带动作用的高素质农民。

2021年，协会被山东省农业农村厅认定为省农业社会化服务组织典型。4年来，协会通过高素质农民培训体系建设，推动高素质农民培训，选拔推荐了16名高素质农民成为市科协科普志愿服务专家，积极争取科普资金，建立了12家镇街乡村振兴科普服务讲习所，组织各类型农民培训30 000余人次，其中500余人获得"高素质农民证书"。

# 潜心匠栗　只为栗香全球

山东省泰安市板栗协会　王雅红

王雅红，生于 1971 年，高级农艺师、中国农村专业技术协会理事、山东省科协九大代表、泰安市科协常委、泰安市农技协副理事长、泰安市板栗协会会长、泰安瀛泉合作社理事长、山东省农技协实战专家、泰安市首席技师。以女性更为细腻的视角研究、创新生产技术，以匠心匠栗、对产业执着、勇于拼搏进取的挑山工精神，为产业发展、为美丽乡村建设注入新活力。

## 一、成立协会，促进科学技术普及

2012 年，王雅红组织专家教授、种植户、加工厂、经销商成立了泰安市板栗协会，并担任会长。在山东省农业技术推广协会的指导下，王雅红联合山东省果树研究所专家整理整套新技术，并拍摄生产新技术视频，把各项资源分类整合与现代农业新科技结合，采取因村因农事需求线上线下同步直播全产业创新培训模式。组织专家到板栗产区 8 个乡镇开展新技术培训推广，受益栗农达 11 000 人次，产量和品质提升 30%～50%，发放资料 1.1 万余册，品种优化推广技术实施面积达 1 万多亩。为带动更多栗农、村集体发展经济，发挥基层农技协作用，采取"3＋1"党建联合模式，即协会党支部＋产区村党支部＋高校院所党支部，成立党建联合科技志愿服务队，建立科普中国·乡村 e 站27 个，主要提供科技推广等农村科普服务，服务队被泰安市委组织部、宣传部等市级十部门评为"最佳志愿服务组织"。

## 二、引进新技术，助力农业产业现代化

王雅红不仅勤学苦干，更善于守正创新。她带头改进泰山板栗人工植保，创新实施山区板栗无人机智能飞防项目，不仅完成了病虫害防控、喷施叶面肥

作业，还解决了化肥农药对土壤和水的污染问题，一架无人机能抵 60 个人力，使人们免受农药对身体的危害，避免了不合格购买和超标使用农药，使产量提升 30%～50%，品质提升 20%，解放了劳动力，节省了成本，300 亩作业喷施时间只需要 11 小时，而人工作业，一个人一天也不到 1 亩，高大栗树还够不到。飞防植保既提高了生产效率，又提升了精准作业率。

2020 年在山东省农业技术推广协会专家团队的帮助下，王雅红创新填补山区林果现代智慧农业空白，改进板栗靠天收的自然生长方式，实施了山区智能微滴灌溉建设。在实施前王雅红亲自到南京一家现代苹果园考察了以色列微滴灌溉建设，回来后与专家团队结合板栗生产需求和地形特点更新了几个创新技术，首先采取了双 K 式排滴箭（8 个）方式，提高了板栗根系的吸水吸肥能力，改正了单一滴头的缺陷，提高了水肥利用率；采取了流量为 8 升/小时，公称压力为 0.7～3.5 千帕的压力补偿式滴头，保证了山体整体压差大情况下的出水量一致；安装了管道保护阀门，保持了管道压力的稳定，使产量提升了 60%～80%，甚至有的植株提升了 1 倍以上。基地实施了部分水肥智能手机操作自动化，增加了智能化阳光、温湿度等气象监测。基地还通过气象站提供的大数据分析虫害状况、果树水肥需求，更好地实现科学防控虫害，后续实施数据显示品质提高 2 倍，每亩节省人力 40 多个。同时，王雅红和专业厂家联系，把板栗自动化加工生产能力提高了 3 倍，安装了冷库智能化管理系统，提升仓储品质，还建立了质量安全全网大数据平台管控系统，让板栗这个靠天吃饭的树种，走上农业现代智能化升级之路，为产业未来发展指明了方向。

# 精通"植物语言"的农民"老把式"

解文新，生于 1962 年，莱西市沟上村人，高中毕业后通过学习《植物生长发育诊断》，并结合十几年的地头栽种经验，掌握了丰富的种植经验和技巧，从 2000 年至今从事农业技术推广工作，每年在周边乡村开展培训活动，足迹遍布莱西、即墨、平度、莱阳、海阳、龙口、招远等周边县市，以及德州平原、菏泽定陶、临沂苍山等县区。至今培训农民群众万余人次，带动周边番茄、甜瓜、黄瓜、葡萄等经济作物产量大幅增长。

随着乡村振兴战略的实施，高素质农民在乡村振兴中发挥着越来越重要的作用，解文新是农民出身，深知农民种地的艰辛，例如种植过程中会面临各种病虫害等，每一种都会导致产量的减少，影响农民的收益。通过初期的种植经验积累和持续不断的学习，解文新积累了丰富的经验，有农民过来咨询时，可以轻松帮助解决，他从此走上了技术培训和推广的道路。

推广活动包含番茄栽培技术及病虫害防治，黄瓜、甜瓜等瓜类作物种植技巧及病虫害防治，以及近年来巨峰葡萄、阳光玫瑰葡萄等葡萄种植管理技术。技术培训初期只能通过线下走访的模式进行技术答疑解惑和技术推广，随着近年来新媒体不断发展，通过编写 PPT 文档、微信及视频答疑和短视频教学等新模式，培训的人数越来越多。

2000 年至今，培训群众万余人次，包括农民、种植大户、基层农业技术人员。2022 年获得副高级农艺师职称。多年来，解文新积极参加各种培训活动，在青岛市首届农民教育培训教师技能竞赛中荣获二等奖，在农民教育培训教师说课竞赛中荣获三等奖，并被聘为青岛市农民教育培训"农民讲师团"教师。

在开展活动中最值得骄傲的事情就是帮助种植户挽回损失。由于植物的病虫害多种多样，有的病症相似度极高，即使是有经验的老农民也经常会判断失误，在培训过程中经常遇见由于判断失误导致用药及管理出错而使问题加重的情况。每当遇见这种情况，就需要准确地判断以及做出及时的应对措施，帮助种植户挽回损失。

在科普过程中面临最大的挑战就是如何上好每一节课，如何让学员听得懂、学得会，通过学习交流培养出更多的高素质农民。

解文新对科普工作有了新的计划：未来要增加培训项目，加强高素质农民培养，让农民自愿留在农村，通过政府提供的各项培训以及自身的努力，成为懂科技、会经营的高素质农民，进而增加收入，使他们成为有动力、有能力实现农业现代化的生力军。

另外，做好培训对象遴选及需求调研，精准定位/筛选培训对象，实施差别化培训。科学编制培养方案，设置实用性、操作性强的课程内容，从而提升培训的针对性和精准性。在课程设置上，要更多地考虑农民的实际需求。

# 飞过良田望金秋

青岛市一粒粟农业科技有限公司　朱梅楠

朱梅楠，生于 1989 年，现任青岛一粒粟农业科技有限公司总经理、山东省无人机产业联盟理事，被评为全国第五批农村创业创新优秀带头人、山东省齐鲁乡村之星、青岛市返乡入乡创业带头人、青岛市首批创业城市建设专家导师、农民高级工程师（新型职业农民副高级职称）、青岛市科技特派员、胶州市 D 类高层次人才、青岛胶州市"乡村之星"，并作为代表在 2020 年全国农村创业创新工作现场交流会上对公司创业创新项目进行了介绍。朱梅楠是山东省最早一批深入研究多旋翼电动植保无人机生产及服务模式的从业者，其任职的公司致力于推广智慧农业田间管理设备与技术，带领更多"懂农业、爱农村、爱农民"的年轻人，回归农村，服务农业。累计输送国家认证农民飞手 200 余人，带领飞手完成 400 余万亩植保作业。部分飞手已成功迈入年收入 10 万元以上的大关，帮助农民累计增收 1 400 余万元。累计为 1 500 余名农民授课。

朱梅楠在大学毕业后跟随中国农业大学的教授进行桑果药食同源方面的研究。在做项目的过程中，朱梅楠看到了全程机械化为农业生产带来的巨大变革。他开始重新认识农民，也开始深入思考农业。微耕机、条播机、收割机等各种农业机械在农作物耕、种、收过程中大显身手，但在管的环节还需依靠繁重的人工进行病虫害的喷药防治。朱梅楠结合之前了解到的无人机方面的知识，萌生了通过无人机进行农业植保实现家乡农业科技化的想法。

2017 年朱梅楠回到青岛与合作伙伴共同成立了青岛一粒粟农业科技有限公司，带领团队自主研发多旋翼电动植保无人机。2022 年公司推出 50 千克大载重无人机，每日作业效率可突破 1 500 亩。客户遍布山东、内蒙古、广西、四川等 8 个省份，通过植保无人机为绿色农业的发展开创了一条新道路。

2017 年至今，朱梅楠带领公司稳步发展。公司生产销售植保无人机 150 余台，实现营业收入 500 余万元。创新性地与青岛农商银行等金融机构开拓

"公司信用抵押，农民分期购机"服务渠道，农民通过完成公司指派的飞防作业置换购机费用，实现"零门槛"进入飞防植保行业。同时公司在科普工作中十分注重新模式、新工具的创新研发，带领公司开创出以植保无人机为核心工具，以培养具备植保专业技能与知识的高素质农民为工作重点的农业服务模式。

## 一、针对种植者搭建服务体系

围绕种植者，包括专业的种植大户、种植公司以及普通农户，建立了一套线上线下立体服务体系。以植保无人机替代传统人工进行农田植保，提升劳动效率30倍，能够精准施药喷洒、实现人药分离、保障农民安全，同时通过公司平台实现线上资源匹配与数据收集，为精准农业、智慧农业打下基础。

## 二、打造成熟开放的线下服务体系

将多年打造的成熟线下服务体系开放给农村创业者，协助他们利用植保无人机在家门口轻松创业，共同服务好种植者。

随着无人机机具的成熟，朱梅楠感受到国内专业从事无人机飞行工作的人员（俗称"飞手"）欠缺，特别是农业植保领域。于是，朱梅楠创造性地将植保无人机飞手培育与高素质农民培训结合，招收有兴趣、有能力的农民进行植保无人机方向的培训，内容涉及航空法律法规、植保无人机构造与维修、植保无人机作业原理和实际操作。公司成为国内首家将 ASFC 国家航空运动协会无人机驾驶员认证与高素质农民培训相结合的企业，累计输送国家认证农民飞手 200 余人。

## 三、不断创新解决无人机推广痛点

随着植保无人机的推广，朱梅楠又发现了新的问题：一架无人机一天作业量为 800 亩左右，小地块无人机不值得去单独服务，让很多飞手干完大订单后找不到活儿去干；反过来，因为不熟悉，农民没有途径去寻找无人机进行喷防。供需信息不通畅严重影响了无人机植保市场的发展。

于是，朱梅楠又带领公司先后投入近 20 万元用于研发无人机智慧农业服务系统，实现了无人机作业线上化、数据规模化，开启了"滴滴打药"新的植保服务模式。作为国内首个植保无人机服务的 C2C 平台，一粒粟无人机智慧农业服务系统以农民更容易接受的微信小程序作为入口，用户可以通过系统来发布信息寻找无人机验收作业；飞手也可以通过系统承接订单完成作业。最重要的是平台可以充分考虑到农业植保作业区域的类同性，让飞手能自主规划接下多个相近时间的相近订单，有效解决为中小种植户服务的难题。同时通过把零散的行为标准化、透明化，以此消除服务者与被服务者的隔阂。通过后台管理系统对人员、订单、机具、款项进行全面的监管。真实的"订单＋实名认证"的飞手，让用户不再害怕搭上"黑出租"，让飞手不再害怕要账难，建立起以无人机为核心的综合性农业科技服务平台。

该农业服务平台项目获第四届全国农村创新创业项目创意大赛初创组三等奖、网络人气奖，第四届山东省农村创新创业项目创意大赛初创组第一名，青岛市第八届"市长杯"乡村振兴创新创业专项赛冠军，工业和信息化部创客中国无人机专项创新创业大赛优胜奖。

# 河　南

## 平舆县新农人众创服务高素质农民

　　由中国农技协最美科技工作者、平舆县农技协会长贾高锋创建的新农人众创服务高素质农民团队，是在平舆县农技协新农人众创科技志愿服务队（2018年成立）与中国农学会科技志愿服务总队平舆新农人分队（成立于2021年）的基础上成立的团队。团队由23名新农人组成，成员主要从事种植、养殖、加工及电商产业，每一个新农人都是当地产业发展的一面旗帜，都是当地农民增收致富的领路人。近年来，在当地产业发展中，每个队员积极发挥自身优势，使身边的群众"跟着队员干，党员做示范，带动村连片"。6 430户农民参与产业发展，得到了可观的经济效益。

　　近年来，平舆县新农人众创服务团队在贾队长的指引下，充分发挥农业科普的资源优势，以科技小院为阵地，以新农人党支部为政治引领，以科普教育、人才培养、农业社会化服务为主题，以新农人科技志愿服务为主体，组织实施科技志愿与高素质农民服务。

## 一、打造书香党建

　　近年来，在平舆县农技协会长贾高锋的指导下，新农人众创服务团队认真贯彻上级科协、中国农学会的精神，以主导科技创新、科技引领、科学普及为主攻目标。新农人党支部组织开展了"学习王阳明为人"的读书活动，联合

"国学讲堂"组织农民及中小学生开展"我爱读书讲历史"红色教育活动，邀请县委党校老师开展了党史学习教育读书活动。通过这些活动的开展，使广大新农人不断升华人生价值观念，改善自己、修行自己、提升自己。参加活动的中小学生们提高了对历史的认识，对红色人物革命先烈的敬畏与崇拜。目前，基地共开展此类活动3次，受益人数达400多人次。

## 二、树立"新农人众创"农服名牌

新农人众创服务团队，以科普教育基地为依托，坚持扎根农村基层，做好消费扶贫、帮扶扶贫，扛稳粮食生产大旗，加强培育高素质农民队伍，实施农业生产社会化服务、智慧农业植保服务，着力推进农村生态发展和农产品提质增效。

2021年9月13日，全国科普日之际，由中国农学会积极推荐，贾高锋代表全国众多的基层科技工作者，与时任中央政治局委员、中宣部部长黄坤明视频连线通话，汇报当地农业生产及科技志愿服务情况。此项活动得到了新华网、中国共产党微信公众号、中国科协微信公众号、中国农学会微信公众号的宣传报道。

2022年11月23日，平舆县农技协在科普教育基地科技小院办公楼，参加了中国农村专业技术协会与中国人民银行金融服务乡村振兴培训班视频会议，并做了以《基层农技协服务乡村振兴产业》为题的典型发言。

## 三、争做出彩新农人

以贾高锋为负责人的服务团队，以提升群众科学文化素质，加强基层精神文明和物质文明建设为重要抓手，致力于服务基层群众科技科普需求，创新驱动发展。

2022年7月28～29日，平舆县科协、博爱县科协、潢川县科协联合在平舆县农技协科普教育基地开展了三县农技协提升暨高素质农民座谈会。三县的科协主席、农技协高素质农民代表30多人参加了座谈。博爱县科协党组书记、主席沈斌表示：对平舆县农技协科普教育基地、科技小院及新农人众创农服模式感到震撼；平舆县新农人党支部农心向党、以党把握农业的正确方向值得学习、借鉴和复制推广。

据统计，近年来，团队发展高素质农民队伍达到800多人次。注册科技志愿服务76人以上，组织高素质农民培训21场，参加农民达2 000多人，发放绿色农业生产宣传册20 000多份。

# 科技给我腾飞的翅膀

夏邑县北岭镇王飞家庭农场　王　飞

王飞，生于1982年，中共党员，夏邑县刘店集乡徐马庄村人，现为河南省科学技术协会第九届委员会委员、夏邑县级科技特派员、全国共享乡村振兴实践指导师、河南省示范性产业发展指导员等。2004年返乡创业，创办了夏邑县北岭镇王飞家庭农场，主要从事高效农业种植经营。他创办的家庭农场，以"人无我有，人有我优，人优我专"的经营思路，探索出了"一年四季有活干，一年四季有钱赚"的经营模式，被农业农村部评为第一批全国典型家庭农场。2019年，王飞作为全国典型农民代表之一，受邀参加新中国成立70周年国庆庆典。

## 一、返乡创业，梦圆农广校

像大多数农村青年一样，1999年，初中毕业的王飞离开家乡外出打工。因为身无长技，辗转到2004年都没挣到什么钱，回家过年的他被父亲留在了家里。

王飞的父亲在家里种植蔬菜，但技术含量低、规模较小。多年打工的经历让王飞认识到，没有技术，一事无成。经过深思熟虑，他决定发展高效蔬菜，便在家门口建了两个塑料大棚。正巧夏邑县农广校举办绿色证书培训班，传授大棚蔬菜栽培技术，真是久旱逢甘霖，王飞赶忙报名参加。通过培训，王飞每亩大棚蔬菜年效益达到8 000元。

偶然的一次机会，王飞听老师讲到外地有高效种植园区种植大棚水果效果不错，他又动了心。说干就干，他拿出所有积蓄并向银行贷了一部分款，流转土地种植大棚果树。

王飞有管理蔬菜的经验却没有管理果树的经验。给苗木供应商打电话，人家说只卖苗不提供技术，他一下子傻眼了。这时，他找到县农广校说明困境，校长立即给他派来果树专家，现场指导修剪和管理。他也多次到外地农业科技示范园参观学习，不断提升自己的生产能力和经营水平。掌握了技术的王飞，把果园打理得井井有条，果树渐渐进入盛果期，效益越来越好。

2012年，王飞在农广校老师的指导下，租地100亩建起了家庭农场。现在的王飞已经"脱胎换骨"了，他的农场亩平均效益能到3万元以上，最高达到5万元，年纯收入百万元以上。他合理搭配种植品种，错开管理和成熟季节，春节前后有大棚蔬菜上市，接着五一上市大棚杏，六一上市大棚葡萄，七月是露天的各种杂果，十月黄梨……全年不断有鲜果，每季都能有收入。

回顾过往，王飞深深体会到：是农村哺育他长大成人，是农业提供他用武之地，是科技给了他腾飞的翅膀，是农广校给予他致富的本领，是党和政府培育他成为高素质农民，圆了他创业致富梦想。

## 二、用科技助力更多人"腾飞"

有一天，王飞接到了一个妇女的电话，说她种植了8亩大棚葡萄，3年了一直没有效益，每到转色时果子就开始软果和死果穗，现在又开始出现症状。她家里很困难，建大棚的钱还是找亲戚朋友借的。如果今年再卖不到钱，日子可就没办法过了，愁得吃不下、睡不着，不知王飞愿不愿意帮忙。王飞听完她几度哽咽的叙述，爽快地告诉她不必担心，当即就能制订防治方案。在王飞的连续跟踪指导下，成功控制了病情，葡萄转色稳定，当年8亩地的葡萄卖了10多万元。这位农妇万分感谢王飞对她的帮助，也感叹农业科技的力量，不仅缓解了生计问题，在家庭里的地位也提升了。这件事也让王飞更加坚定了推广现代农业知识的决心，让农业科普服务"三农"，助力乡村振兴。

近年来，王飞累计开展农业技术讲座300余场次，培训人员达15万多人次，开展农村电商培训班4期，200余名农民参加培训开店创业。他把自己的农场当作课堂，开展科普助农、科普富农系列活动，免费给周边群众提供现代农业种植项目、科学种植技术，每年帮助农户销售水果蔬菜1 500万千克以上，带动当地260户贫困户发展大棚果蔬脱贫致富，帮助省内外家庭农场、合作社106家，种植规模达12万余亩。辐射带动周边8个乡镇发展大棚蔬菜，面积达30余万亩。

## 三、传播知识的"火种"

王飞热爱学习，也善于传授。他积极钻研农业生产新技术，积极从事科普活动。他置办农业科普技术标示牌，使科普工作更加接近村民；还制作了涉农科技文化宣传栏，使村民每天都可以学到科学技术和科学文化知识，并运用在日常生活生产中。

农民最相信实打实的东西。王飞把自己的农场当作传播知识的"火种"，他创办农民田间学校并邀请有关专家、学者到农场进行农业科技知识讲座，针对贫困户开展科学种植技术培训40余期，使4 000余名贫困户受益。他还结合自身优势每年分季度开展科普工作，对村里有意愿种植果树和蔬菜的村民进行免费培训，向他们传授在种植果树过程中各个关键时期需要注意的问题，讲解大棚蔬菜种植过程中的管理以及病虫害防治等关键技术，让村民拥有一技之长。

为保持科普示范领先性，王飞加强了新品种、新技术的引进和示范推广。引进了葡萄种植新品种浪漫红颜、蓝宝石等，梨树新品种酥脆一号、韩国蜜梨等优质品种，同步提供生产管理技术培训、指导和销售服务。

为了进一步提高科普服务水平，农场在被确定为科普示范基地后，又完善了科普服务设施，强化了学习培训和现代农业技术指导，加强与河南农业大学等科研院校的技术合作，聘请专家、教授到基地指导产业发展，以保障园区种植产业的领先性和种植技术的领先性。

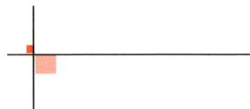

# 只为故乡的这片桃树林

河南省卫辉市桃产业协会　刘克帅

今天的河南卫辉市，鲜桃种植已经成为农民奔小康的重要支柱产业之一，鲜桃种植面积达 5 万余亩，产量近 15 万吨。用当地人的话说，军功章里有卫辉市桃产业协会会长刘克帅一半。刘克帅也因此先后被评为国家林草乡土专家、河南省优秀科技特派员等。

## 一、利用所学引领乡亲创业致富

2007 年，刘克帅看到家乡桃树种植管理模式粗放，产量不高，效益低下，在参加了卫辉桃树种植技术宣传活动后，便萌生了利用所学专业返乡普及果树知识和技术，引领乡亲创业致富的想法。

卫辉市气候条件非常适合桃树的生长，是鲜桃的优势产区。然而由于品种、技术、管理等一系列问题，桃农增产不增收，挫伤了部分农户的种植积极性。他多次到山西、山东、湖南、湖北等地学习取经，考察市场。学成后，承包了卫辉市安都乡杨井村的 50 余亩条件较差的耕地，引进多个鲜桃新品种，采用桃高效主干密植新技术，经过几年努力，建成了卫辉市第一个高产高效桃示范基地。现该基地引进的十余个品种已硕果累累，与周边的桃相比，基地生产的桃价格始终处于高位，归其原因就是品种好、绿色无污染、桃品质量显著优于市面。每亩土地的产出由 1 000～3 000 元提高到 1 万元，因此吸引了杨井村及周边村庄群众的效仿和种植，甚至吸引了本市其他乡镇效仿，种植面积逐年增加。

取得初步成功后，刘克帅组织广大桃农、合作联社、企业成立了卫辉市桃产业协会，抱团发展卫辉市桃产业，吸收会员 400 多户，种植桃树万余亩，年创产值达上亿元；并进一步辐射卫辉全市，目前全市种植面积达 5 万余亩，产量近 15 万吨。

## 二、对接人才、引入技术

刘克帅积极对接山东省农业科学院果树研究所、河南科技学院、河南农业大学、四川农业大学等知名高校院所专家人才，成立新乡市果树研究所。鼓励吸引外地专家、高技术人才到新乡开展技术交流和共建活动。成立省级太行仙蜜星创天地，为有需求的涉农企业、农民专业合作社以及返乡大学生、农民工和职业农民提供服务，帮助创业者开创和发展壮大企业。立足于卫辉市5万余亩桃产业资源，以果品种植销售为运营主题，围绕果树新品种培育、引进及推广，通过技术培训、种植示范、技术服务、农业物联网技术推广和创建农村电子商务网络平台，打造一站式开放型综合服务平台。

引进推广桃品种秋雪、秋彤近千亩，深受市场欢迎，亩效益平均1万元以上。太公镇宋庄村和左庄村常年干旱，种植大田作物常年不收，效益低下。刘克帅因地制宜在本村推广秋雪桃和冬桃，目前发展了10余户，种植近300亩。安都乡潞州屯村地处偏僻，刘克帅发展当地十几户农民种植桃品种秋彤200余亩，亩效益1万多元。在刘克帅的指导下，潞州屯村村民陈同创下9亩获益14万元的佳绩。截至目前，刘克帅带动附近千余户农民发展桃产业近万亩。

随着技术的不断发展，刘克帅带领协会会员又引进了桃主干型密植栽培技术、果园生草新技术、水肥一体化技术，改变了果园生态环境，提高了土地利用率，大大降低了除草剂对果园土壤的污染，使卫辉市的果树种植产业向标准化、自动化、规模化、集约化和现代化发展。

# 六十老妪善学习　科普力行为乡亲

汝州市杏福园种植有限公司　段爱菊

段爱菊，现年 63 岁，河南省汝州市大峪镇寨湾村人，农民企业家，2020 年 1 月开办了杏福园种植有限公司，现为汝州市杏福园种植有限公司法人及总经理。

汝州市大峪镇寨湾村，地处山区，耕地以山地居多，2020 年以前一直是贫困村。几年前响应政府号召，村民们大多种植杏树、桃树等，维持生计。每年五六月，大量杏子成熟，但没有销售渠道，导致村民们的甜杏价格很低也卖不出去，都坏在了地里。

段爱菊，也是众多甜杏种植户中的一员，看到这一情形，很是心痛。她暗自下定决心要做点什么改变这一现状，让乡亲们的甜杏能卖出去，收入更好。

为此，年过六十的她，开启了漫长的、艰辛的学习之路。2019 年，她参加汝州市农广校的高素质农民培训，但因为年龄已到六十岁，她没有入学资格。于是她苦苦哀求，最终项目负责人被她学习的渴望和诚信所打动，破格让她以伴读生的身份旁听。那一次的培训，让她受益匪浅，像打开了一扇新世界的大门，使她渴望学习、希望进步的内心燃起了熊熊大火。从那以后，不论什么样的农业培训，她都第一时间报名，放下家里的农活，不顾家人的不理解和不支持，不顾乡亲们异样的眼光，坚持参加学习。

在接下来的几年里，她又参加了果树修剪、蔬菜、辣椒、花椒种植等的培训班学习，掌握了不少果树修剪和种植的知识，并在自己的杏福园实践应用。

2020 年没有出过远门的她又坐车辗转到郑州，到河南农业大学参加高素质农民培训班。因为年龄大，无法报名，她就用女儿的名字和身份进行学习。但由于年龄比较大，记忆力差，好多知识记不住，也理解不够，于是她想到用手机把老师一天所讲的课录下来，晚上进行抄写学习直到凌晨一两点，学习期间她找老师要了 3 个笔记本。最后，授课老师被她认真学习的精神所感动，破例给她发了一本"优秀学员"的荣誉证书，她如获至宝，这是对她的肯定和认可，也是她继续前行的动力。

2021 年 6 月她看到微信群里发的学习通知，又一次辗转来到西安杨凌参加了中国农学会举办的全国乡村振兴高素质农民培训暨基层科技志愿者研修班。从此以后她成为一名农业科普志愿者。

2023 年 2 月她又到河南省新乡市七里营村学习了走集体化道路的经验，把该村的基本情况详细记录，装入档案袋保存下来。

每次学习回来后，她就把所学到的知识和技能分享给身边的人。她在经营的商店里安上免费 Wi-Fi，让当地的村民和来往客人免费上网，查阅农业技术知识和相关资料。她还将所学的农业科技知识和技能以录音广播、海报等形式不失时机地宣传给附近的村民，受益群众达 3 000 余人。新知识、新技术在他们日常的果树栽培与管理中得到普及和应用，很好地带动了身边的乡亲们学习和致富。

新冠疫情防控期间一边宣传疫情防控知识，协助村里的疫情防控工作，帮助路人，帮助乡亲们带货送菜、卖桃、卖杏；一边宣传农业科技知识，帮助乡亲们解决一些实际问题，让村民在农业科普中受益。

段爱菊说，非常感谢党和政府对她的信任，以后还要办更多有益于党和群众的事，争取把本村带到集体化道路上来，集体致富，让村民过上更加幸福的生活。

她希望，高素质农民的学习培训机会年龄可以放宽一些，让像她一样的人，能有更多的学习机会。

# 湖　北

## 痴心甘作新农人

武穴市保鑫种养专业合作社　翟保平

翟保平，湖北省武穴市大法寺镇东畈村人，现为武穴市保鑫种养专业合作社负责人。多年来，带领团队孜孜不倦深耕沃土，积极投身农业科技推广事业，带动12个村的35个市场主体从事农业生产经营，带领273户贫困户脱贫走上富裕道路。

## 一、把科技力量注入红土地

大法寺镇的红色土地是富硒地，极具农业生产优势，然而由于前几年年轻人外出务工，留守劳动力老龄化，使得农业生产粗放经营，农业处于低谷。2019年，翟保平还在武穴从事餐饮服务业，回乡每每看到此番景象，心中很不是滋味。经过一番思考，便与几个合伙人共同筹划，投资100多万元从农户手里流转了650亩耕地，成立保鑫种养专业合作社。

创业初期，因技术不成熟、思路没找准，光凭一腔热情，亏损40万元。到外地认真考察一番，才发现"优质、绿色"已成为粮油发展大趋势。这时翟保平又参加了高素质农民培训，更是开阔了视野、增强了信心、认准了市场。

2021年，合作社将黄花粘常规品种全部改种为杂交优质稻品种，使得市场价高于常规稻品种0.8元/千克，300多吨稻子通过更换品种盈利18万元。

靠科技，有效益，合作社成员更加重视与农业科技推广部门合作。他们常年与中国农业科学院、华中农业大学、湖北省农业科学院等院校开展深度合作。从 2021 年开始，开展了基质育秧、机插秧侧深施肥、秸秆还田、化肥农药减施增效、统防统治等新技术应用。2021 年改造虾稻连作基地 520 亩，新增虾稻鳖立体种养技术模式 50 亩，实行生物链绿色循环种养模式，提高了农产品附加值。

## 二、将科技成果转化为生产力

打造科技样板，孵化更多优势科技成果一直是翟保平对现代农业的理解和心愿。为此，他与农技部门达成合作意向，通过提供劳动力用工场所等服务，将一些新技术、新品种、新成果的科教项目嫁接到合作社来，携手将品牌做大做强。2019 年，武穴市农业农村局土肥站到合作社开展了 300 亩绿肥示范试验，湖北省农业科学院在基地进行了秸秆还田腐殖质对比试验，加快了科技成果转化应用。

合作社每年配合上级推行"一促四防"绿色防控，实行全程机耕、机播、机收、机防社会化服务，推广轻简化栽培技术。合作社秉持绿色、健康、可持续发展理念，发展"稻＋虾＋N"富硒产业模式，严格按照科学规范化生产作业，按照绿色环保的生态模式养殖虾、鳖和种植水稻。为达到绿色环保要求，连续 3 年委托第三方对科教基地的水质、泥土、虾、鳖等进行抽检，经检测全部合格，生产的"潭兴甲"甲鱼品牌于 2023 年 7 月通过了中国绿色食品发展中心的审核，达到 A 级标准。通过一系列经营和宣传，合作社养殖的甲鱼供不应求。

在促进科技推广应用上离不开与科研部门的深度合作。合作社与华中农业大学、湖北省农业科学院等科研院校建立了人才引进和合作机制，农业农村局等技术专家也经常来合作社进行技术指导。

合作社通过滚雪球的方式不断发展壮大，购买了无人机 2 台、拖拉机 1 台、插秧机 1 台、各类农具 20 台（套），建立了 400 亩科普基地，辐射面积 4 500 亩，社员人均分红 1.3 万元。合作社长期雇用员工 30 名，在农忙季节，科普基地有 50 多名农民插秧忙农活，为附近居民提供了就业岗位。

## 三、让科教兴农事业更兴旺

国家鼓励大力发展农业特色产业，发展绿色环保产业。合作社前期主要以生产双低油菜、优质稻米、高粱、大豆、小龙虾为主，实行高校＋部门＋企业＋基地＋农户的绿色优质粮油产业发展模式，后来，由翟保平牵头成立了以甲鱼养殖为主的衍生合作社——兆银水产养殖合作联社。在合作联社的示范带领下，许多农户将效益低的低洼田围栏改建后用于养殖甲鱼增加收入，将无人耕种的低产田通过技术创新变为致富田。目前合作联社种养面积 3 200 亩，稻田综合种养面积 2 780 亩，池塘养殖面积 420 亩，年产优质稻谷 1 400 吨、小龙虾 300 吨、甲鱼 40 吨，年综合产值达 2 800 万元。

翟保平时刻不忘为广大农户谋福利、求发展，在合作社带动下，开展多维技术集成示范，开设物联网＋智慧农业示范基地，针对企业、创业者进行智能化管理平台研发建设，对全镇 35 家合作社主体及周边 2 个镇的大户进行科普宣传。

作为一名新农人，翟保平致富不忘乡亲，始终关注"三农"事业。下一步，他计划与农业农村部门继续合作，打造科普宣教平台和示范基地，吸引更多青年人才返乡创业，融入美丽乡村建设，培育更多有志青年报效乡村、服务农业，为乡村振兴做出贡献。

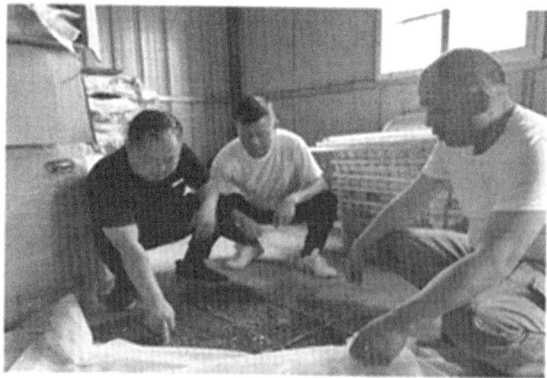

# 活的 "农家百科全书"

湖北省随州市随县尚市镇葡萄协会　严海峰

严海峰，高级农艺师，现任随县尚市镇葡萄协会会长、尚市镇农业技术服务中心主任，自参加工作以来，始终奋斗在农业科学技术推广的前沿，致力于新品种、新技术、新模式的推广运用，真心实意服务"三农"，走出了一条科技创新、示范推广、基地带动、助农增收致富的新路子。

严海峰先后在《中国农技推广》《中国南方果树》《农技服务》等期刊上发表论文 10 多篇，本人被湖北省农业厅聘为"农技 110"专家，先后被湖北省科技厅、随州市科技局聘为科技特派员，获评随州市科普带头人、随州市第三届感动"三农"先进人物，被湖北省人民政府授予"第四届湖北省科普先进工作者"称号，2019 年 10 月被批准为享受随州市政府津贴人员，同时被省委组织部评为湖北省艰苦地区专业技术人员奉献岗位人选。带领的尚市镇葡萄协会被中国科学技术协会、财政部评为科普惠农兴村先进技术协会；主持的尚市镇万亩油桃示范基地，被湖北省科学技术协会、省财政厅授予科普助力新农村先进基地。

## 一、对症下药，破解增收难题

严海峰凭着对农业科学实用技术孜孜以求的执着精神，勤于学习，大胆实践，走出了一条依靠科技勤劳致富的成功之路，成为农民致富的科技示范带头人。

他担任尚市镇葡萄协会会长后，首先进行了详尽的调查研究。在发现尚市镇葡萄、油桃面积虽然大，调整的步伐也比较快，但存在问题还不少，像品种老化、科学管理水平低、栽培模式落后、精品水果少等问题都影响着产业的进一步发展。为了尽早解决技术瓶颈问题，他积极与湖北省农业科学院、华中农业大学、中国葡萄病虫害防治协作网等专家联系，邀请他们来镇里"会诊"，现场解答种植户的疑难问题。与此同时，还自费万余元购回一些新品种做试验示范，仔细做好日志和记录，逐步摸索适应本地发展的新品种、新技术、新模式。

经过多方努力，现在当地由单一品种发展到了巨峰、藤稔、夏黑、阳光玫瑰葡萄，早熟518、中油4号、中油5号油桃等，全镇农民科学发展葡萄1.5万亩，油桃5万亩，年创产值6.2亿元，人均增收4000元，使尚市镇成了全省闻名的林果大镇、水果之乡。此外，还使油桃上市时间由原来的十几天延长到现在的近5个月，远销国内各省，甚至出口至俄罗斯、东南亚国家。

他自己编制的葡萄、油桃科学栽培新技术和病虫害防治在全县得到了普遍推广应用，自行设计的葡萄密植双垄栽培和避雨设施栽培技术也受到了中国科协的肯定。

## 二、尽职尽责，实现产业兴镇

为了拓宽视野，他多次组织种植大户、科技示范户、协会技术员到山东、安徽及省内公安县等地实地考察，借鉴外地的新技术和新模式，并逐步在全镇推广葡萄套袋技术、密植双垄栽培技术、避雨设施栽培技术和大棚栽培新技术，而且创办示范基地近两千亩。

在华中农业大学、湖北省农业科学院和市（县）科学技术协会的支持下，建起了500亩连片的油桃"高垄、稀植、Y形"配合"缓和式"修剪技术的轻简栽培示范基地。该技术在亩均减少一半果树的情况下仍然能达到优质高产高效，现已在全县推广，并被邻近的几个市、县学习借鉴。如今，尚市镇的葡萄和油桃发生了质和量的双飞跃，市场价位也得到了提升。

通过基地带动，全镇变成了"山上油桃、山下葡萄、林中养鸡、架下种菜"的农业生态旅游观光镇和全省闻名的林果大镇。

自任省级科技特派员、服务湖北花果荟商贸有限公司后，严海峰首先把科技扶贫放在首位。他帮助企业与华中农业大学、湖北省农业科学院、中国农业科学院郑州果树研究所等进行对接，邀请专家来基地现场解决生产中的各种疑难问题；亲自到基地为贫困户开展技术培训和技术指导，引进新品种、新技术、新模式，使公司的水果提质增效。为了解决公司的发展瓶颈，他到政府部门寻求政策支持，完善公司基地各项农业配套设施，使公司效益连续3年翻番。截至2022年底，公司无花果年产量达500吨、蓝莓年产量达50吨，实现营业收入1500万元。在无花果收获季节，务工人员每天达两百余人，现有79户脱贫户、179人在公司务工，人均月工资2500元以上。

## 三、学无止境，攀登新的高峰

20多年来，严海峰不断学习新知识，解决新问题。严海峰把"讲给农民听、做给农民看、指导农民干"作为自己的座右铭。目前，他又积极筹划兴办农业专业合作社，探索农民土地规模经营新模式，筹建500亩油桃及500亩葡萄新品种、新技术、新模式栽培示范项目，把尚市镇的水果生产提升到一个新的水平。

田间地头，他为农民耐心讲解科学技术，手把手地教授种植方式，传授管护措施，被农民亲切地称为活的"农家百科全书"，他把自己所知所学知识毫无保留地传授给每一位需要帮助的农民，无论是防病治虫，还是除草施肥，他都亲自过问，毫不马虎，从而使全镇形成了学科学、用科技的良好氛围，也使他本人成为当地闻名的科技示范带头人。

# 帮农民种好"四块田"

云梦县四季长青蔬菜种植专业合作社  刘四田

刘四田在村里被称为"菜博士",只要提及种植蔬菜,大家都交口称赞。"菜博士"的成名,源于他的秘诀:种好"四块田"——也恰好契合他的名字。"种田要走科技创新的路,我们要把'科学发展田、扶贫责任田、食品安全田、美丽乡村田'这四块田种好,做一个真正的高素质农民。"刘四田说。

湖北省云梦县位于府河带来的冲积平原,耕地以沙壤土或壤土为主,有机质丰富,保水保肥力强,特别适合蔬菜的生长。

## 一、转观念,促产业发展

过去,陈刘村的蔬菜种植品种单一,基本上都是鲜食大豆、花椰菜等。品种质量一般,很难卖出好价钱。靠着种好"四块田"的理念,刘四田不断引进蔬菜新品种、新技术,反复探索。经过多年发展,他带领合作社成功引进青花菜、特色南瓜、甜玉米、松花菜、红皮莴笋等蔬菜新品种,推广"三新"技术10多项,优良品种和高效种植模式的应用率达到100%,合作社的基地被列为部级蔬菜绿色高质高效创建核心示范基地。

现在四季长青蔬菜种植专业合作社的基地规模达2 200亩,2021年投资480万元兴建了3 360平方米育苗工厂、750平方米培训大楼、500吨冷库和1 000平方米分拣中心,改扩建水肥一体化130亩。14个品种的蔬菜中9种蔬菜已获得绿色认证,合作社注册了"梦之芹"和"田云香"两个商标,府河萝卜还获得国家地理标志认证,产品畅销省内及广东、河南、浙江、安徽、江苏等地,年产值约2 000万元。有社员192户、13个家庭农场,还为本地村民提供了50多个就业岗位,每人每年的工资收入在20 000元以上。

刘四田并没有止步,他还有更长远的计划。他说:"很多农户育苗的时候,因为没有设施，技术又不过关，往往造成很大损失。我计划修建一个大的育苗工场，进行集中育苗，为更多农户服务，让农户跟我们一起发展规模种植。"

## 二、舞龙头，带百姓富裕

为了带动乡亲实现共同富裕，四季长青蔬菜种植专业合作社采取统一种植、统一产品销售等措施，在周边地区实现了蔬菜生产的规模经营，取得了良好的经济和社会效益。不知不觉之间，农民的组织化程度和市场竞争力都有了提高。一家一户分散经营的农民组织成一个整体，通过合作与服务，加快了农业市场化步伐，增强了抵御市场风险的能力。合作社通过产前统一采购、统一供应种子种苗，产中统一提供技术服务、统一供销农资，产后统一开拓市场、统一包装销售等措施，有效降低了生产和交易成本，提高了农民的市场议价能力。

除此之外，刘四田还在全县推广蔬菜新品种 10 万亩，带动 8 000 多户 20 000 多人参与蔬菜产业，人均增收 5 000 元以上；帮扶 5 个贫困村发展蔬菜产业，帮扶贫困户 40 多户，户均增收 15 000 元以上。还点对点到大悟县帮扶，为产业扶贫开辟新模式。

现在四季长青蔬菜种植专业合作社是省级示范合作社，也是孝感市 20 家"五个一"蔬菜示范社之一，2018 年 11 月被孝感市科技局评定为市级星创天地，2020 年被评为省级星创天地，刘四田本人被评为全省"十佳农民"。

## 三、重科普，让心里亮堂

蔬菜产业的发展离不开科技甘霖的滋润。刘四田说，各级农技推广服务体系都起到了非常重要的作用，尤其是湖北省农业科学院长江流域首席专家邱正明团队建立的院士工作站，为云梦县农业蔬菜产业提档升级提供了有力支撑。刘四田通过跟专家们学习、交流，掌握了不少新技术、新知识，也让他向乡亲们进行科普宣传时更有底气、更有效果。

多年来，合作社依托省（市）农业科学院、县农业农村局承担了大量的试验示范工作，如减肥减药、"五个一"工程、农业科技示范、高效菜园、三增三减示范、全程绿色防控示范、高质高效水肥一体化、土壤改良、蔬菜废弃物无害化处理等工作，每年组织培训 4～5 次，培训农民 500 余人。

刘四田认为，科技推广的过程既是帮助他人的过程，又是提高自己的过程。开展科普活动，自己首先必须认真学习相关的知识，培养探索和学习的习惯，使自己的能力逐步提升。他说："虽然从事科普工作很辛苦，付出很多，但是各级领导给予很高的评价，给予我很多荣誉，多家新闻媒体都报道过我，老百姓更是对我赞誉有加，这些都会成为我前进的动力，今后我会把更多的精力投入科普工作中，让更多的人受惠于科学。"

# 酿造甜蜜生活

荆门市新春养蜂专业合作社  刘吉艳

刘吉艳，荆门市掇刀区优秀科技特派员。出生于养蜂世家，从小就帮助父亲养殖蜜蜂，毕业后打过工、做过生意，但最终选择跟随父亲学习养殖蜜蜂。

## 一、甜蜜传承两代人，蜂农齐奔致富路

为了提高养蜂技术水平，刘吉艳买来各类养蜂技术书籍，订阅各类蜂业杂志，并参加了多期养蜂技术培训班。刘吉艳结婚时父亲送给她 30 群蜜蜂和一套蜂具做嫁妆，又以低价赊销给刘吉艳 30 群蜜蜂，刘吉艳有了这 60 群蜜蜂，第二年蜂群即发展到 120 群，第三年即发展到 200 多群，此时，刘吉艳在本地已经成为小有名气的养蜂能手。刘吉艳动员两个妹妹和两个妹夫也都加入了养蜂行列。2006 年，刘吉艳为了照顾孩子就近上学，在荆门市掇刀区深圳大道开设了一家蜂产品专卖店，为了感谢父亲支持她走上养蜂之路，刘吉艳用父亲"新春"的名字命名自己的蜂产品店为"新春蜂蜜"。刘吉艳的丈夫在掇刀区附近养殖蜜蜂。自此，刘吉艳夫妇共同走上了蜜蜂养殖的道路。

在国家农民合作社政策的指引下，2008 年，刘吉艳支持父亲联系一百多户蜂农成立了荆门市新春养蜂专业合作社。刘吉艳的父亲刘新春被推举为合作社理事长。2016 年，刘吉艳被推举为新春养蜂专业合作社理事长。合作社以高于市场价的价格收购社员产品，累计使社员增收约 300 万元，合作社另外每年还给社员返利，成立以来的 15 年间，合作社共为社员返利 299 730 元。2020 年，合作社为掇刀区红十字会捐款 2 000 元，用以支持抗疫行动；2021 年，合作社为掇刀区团林铺镇抗疫人员捐赠蜂蜜 360 瓶；2022 年，湖北省养蜂学会授予新春养蜂专业合作社"抗疫突出贡献奖"。另外，新春养蜂专业合作社被湖北省农业农村厅评为湖北省农民合作社示范社，被中国蜂产品协会评为全国蜂农合作社示范社。

## 二、创建科普基地，普及蜜蜂知识文化

2016 年，刘吉艳和两个妹妹协商，注册成立了荆门市三姐妹蜂业有限公司。其间，刘吉艳参加了浙江大学继续教育培训和华中科技大学农业产业领军人才培训，并获得了"优秀学员"称号。为了普及蜜蜂知识，传播蜜蜂文化，促进乡村旅游建设和国家乡村振兴战略的实施，刘吉艳积极响应掇刀区政府招商引资号召，在掇刀区团林铺镇双碑村征地 23 亩，建设了新春蜜蜂科普馆。新春蜜蜂科普馆内建设有蜜源植物园、蜜蜂诗词亭、蜜蜂文化回廊、养蜂场、冷库、蜂产品生产车间、接待中心、蜜蜂科普馆、乡村故事馆等设施。其中蜜蜂科普馆内展示有与蜜蜂有关的蜂箱、蜂具、杂志、书籍、邮票、图片、化石、标本、模型、玩具、艺术品等一千余件；乡村故事馆内展示有农具、家具、渔具、酒具、烟具、茶具、票证、书籍、书画、杂志、报纸、化石、标本、泥匠工具、窑匠工具、篾匠工具、竹器、木器、铁器、瓷器等三千余件。为了能使参观者看得明白，刘吉艳结合自身实践与相关知识为展馆内所有物件都配以说明文字。刘吉艳带领姐妹们前后共投资约 800 余万元建设蜜蜂科普基地，在项目建设过程中带动了周边村民就业，增加了村民的收入，拉动了周边的交通、餐饮，以及建材市场的消费和运行，取得了良好的社会效益。为了做好蜜蜂知识及文化普及与推广，刘吉艳还带动数名科普志愿者共同参与蜜蜂科普活动。为了管理好场馆，刘吉艳还制定了《新春蜜蜂科普馆管理制度》《新春蜜蜂科普馆卫生制度》等。

新春蜜蜂科普馆建成后，接待来自全国各地的参观交流人员万余人次，其中有幼儿园小朋友、小学生、中学生、大学生、工人团体、市民、农广校培训

班学员、党校学员、退休老干部等。刘吉艳的科普志愿者团队把每次的科普活动资料编辑发送到抖音、快手、朋友圈和微信群等网络平台，以扩大科普宣传面。

刘吉艳亲自为参观者讲解普及蜜蜂与蜂产品知识，弘扬蜜蜂文化、农耕文化，并结合自身实践和相关资料，编写了"蜂产品与少年儿童健康""瓶巢蜜生产技术""油菜成熟蜂蜜生产技术""走进新春蜜蜂科普馆""老蜂王的创业故事"等PPT课件。

2018年，新春蜜蜂科普馆被荆门市科学技术协会确定为荆门市科普教育基地，同年，被荆门市教育局确定为荆门市中小学生研学实践基地。2019年，新春蜜蜂科普馆被湖北省科学技术协会确定为湖北省科普教育基地。2023年，新春蜜蜂科普馆被湖北省农业广播电视学校确定为农民田间学校。

# 广　西

## 青春之茶味香浓

苍梧县六堡镇黑石山茶厂　石濡菲

　　石濡菲，生于 1987 年，中共党员，现任苍梧县六堡镇黑石山茶厂党支部书记、研发部主任。第十四届全国人大代表、第十三届全国青联委员、六堡茶制作技艺自治区级代表性传承人。先后荣获全国劳动模范、全国五一劳动奖章、第七届全国道德模范提名奖、第十一届全国农村青年致富带头人、全国巾帼建功标兵、中国制茶能手、全国十佳农民等荣誉称号，入选《2019 全国乡村特色产品和能工巧匠目录》。石濡菲从用指尖传承技艺到不忘初心，推动六堡茶产业走高质量发展之路，身体力行带领茶农致富。

### 一、自觉提高政治站位，在脱贫攻坚主战场中展现新作为

　　作为一名共产党员，石濡菲不忘初心，牢记使命，在脱贫攻坚主战场中，发挥黑石山茶厂党支部书记积极示范带动作用，找准茶厂发展定位、主动作为，聚焦惠农目标，服务茶农群众，提升六堡茶产业品牌价值，实现古树焕新颜、古茶飘新味、古道闯新路的"三新"目标。

　　石濡菲依托六堡茶原产地、原茶树种、当地原生态环境及六堡茶历史文化等优势，采取原产地企业＋工作室＋传承人＋培训班＋合作社＋贫困户的创新产业融合发展模式，带动贫困户就业、乡村青年创业，帮助贫困户脱贫致富，

让更多青年人投身到振兴茶乡产业行动中。

石濡菲还依托黑石山茶厂在塘平村六堡茶的核心产区优势，积极探索创新"党旗领航"模式，通过党员带动、技术帮扶等措施，与塘平村党支部结对帮扶，使塘平村2 000多亩六堡茶步入销售"快车道"，促进茶农收入增加，极大提升了茶农种植六堡茶的信心，也增加了村集体经济效益。

## 二、从非遗传承到非遗品牌价值打造，争做新时代的答卷人

随着六堡茶产业的壮大，石濡菲主动承担起六堡茶生产加工技艺科普工作，承担起非遗传承人的责任。为了提高乡亲们的六堡茶传统制作技艺，石濡菲建立了"石濡菲劳模创新工作室"，在梧州市区改造了近300平方米的多媒体教室作为培训班理论教学基地，将原来的黑石山茶厂作为实训基地。通过理论＋实训双轮驱动，以校企合作、远程教育等方式创新传播和培训非遗六堡茶制作技艺，进校园、进社区、进机关，利用互联网融媒体直播等创新形式，开设线上科普课堂，直播在线收看人数超过100万人。

2018年，石濡菲以免费技术指导、扶持等方式带动当地茶农从事传统手工六堡茶种植、采摘和加工，以茶厂＋农户的模式扶持手工制茶农户25户，并培训23户农户成为本村的传统制茶能手。石濡菲将六堡茶传统技艺编辑成教材，每年固定为本地六堡茶行业人员培训，将种植、采茶、茶园管理、制茶技艺等系统地传授给村民，2019年以来开设六堡茶工艺主题科普讲座30多期，定期举办农技培训班，普及农户1 000余人。石濡菲尽心尽职，做好非遗传承人，干好非遗科普事，让守正与创新共同支撑起六堡茶制作技艺的传承与传播，让脱贫攻坚与乡村振兴更有效地衔接。

为推动六堡茶产业长远发展，石濡菲狠下功夫强化管理，黑石山茶厂在茶园管理方面坚持以原树种、原产地、原仓储为企业标准，逐渐形成了手工六堡茶的行业评定标准并得到推广。2020年，黑石山茶厂制作的"濡菲"牌六堡茶共荣获13项专业茶展、斗茶大赛的奖项，摘下2020中国（广西）六堡茶斗茶大赛七星茶王荣誉。茶厂先后获评国家级非物质文化遗产代表性项目（六堡茶制作技艺）生产性保护示范基地、全国巾帼建功先进集体、广西壮族自治区文化产业示范基地、苍梧县总工会劳模示范基地等一系列荣誉称号。

# 壮乡小伙的甜蜜事业

广西贝农生态农业有限公司　李　波

　　李波，壮族，中共党员，出生于广西上林县。2021 年当选广西乡村科技特派员、上林县政协委员，先后被评为上林县贫困村创业致富带头人、政协第十届上林县委员会 2022 年度优秀政协委员。

## 一、"黑"的呼唤把 IT 男召回家乡

　　2007 年李波创办了一家网络科技公司，主营软件开发，其间一直运营良好。2017 年，李波返乡探亲时发现家乡上林县盛产黑皮果蔗，品质上乘但经济效益较低，便产生了将黑皮果蔗制作成红糖、提高村民经济收入的想法。于是李波毅然告别十年 IT 生涯，回到家乡成立广西贝农生态农业有限公司，扎根"三农"，决定做个"有梦想的农民"。

　　李波采取公司＋家庭农场＋工厂＋农户＋电商的经营模式，带领当地老百姓增收致富，为农业产业发展、乡村振兴做出了积极贡献，取得了良好的经济效益和社会效益。2019 年 6 月荣获"就业扶贫车间"称号，车间带动 77 个贫困户，其中与 15 户贫困户合作种植黑皮果蔗 100 亩，以不低于市场价的价格收购黑皮果蔗，榨季聘请 10 多户贫困户到车间工作，积极保障村民的收入。由于带贫成效显著，贝农红糖成为上林县首家获得"广西扶贫产品"绿标的扶贫产品，2019 年 11 月入选首批《全国扶贫产品名单》，同时广西贝农生态农业有限公司是南宁市扶贫产品品牌开发协会会员单位和上林县名特优农产品服务协会成员单位。

## 二、提炼匠心攻克科技难题

　　李波总结土方制糖经验，主动向村中长辈学习，聘请糖业专家作为技术顾

问，在国内率先选用黑皮果蔗作为原材料生产古法红糖，并且不断改进制糖工艺。李波带领团队对"连环锅"和"直风灶"以及烟囱经过三次重建和改造，突破了黑皮果蔗汁不能结晶的重大科技难题并获得了发明专利。公司设立食品安全全程追溯系统，在食品安全方面狠下功夫。红糖产品先后获评第五届上海国际农产品博览会优质奖、2022年广西美味小吃类金奖。

为了推广黑皮果蔗生产技术，带动乡亲规范种植和科学田间管理，打造优质原料生产基地，李波主动开展农业技术推广，为各地农户提供免费的科普服务。他以合作社为科普工作室，打造了技术演示课堂，定期为周边村民现场实操教学，提升当地制糖工艺水平。履职至今，累计开展实地科技服务113天，提供远程服务97次，发布科技服务信息40条，服务农户1 858人，指导生产经营基地面积达2.16万亩。

2021年，李波通过拍摄短视频制作微课，利用网络直播开设线上课程，以科普＋带货的形式吸引大量观众，取得了良好效果。他拍摄的短视频入选2021年全国农民教育培训宣介活动100个优秀在线学习资源。

## 三、让"黑"的甜味红遍全国

为了推进产品销售以及品牌塑造，打造"一村一品"，助力乡村振兴，李波带领团队先后到北京、上海、广东及广西桂林、柳州等地参加了80多场农特产品交易会，包括第五届上海国际农产品博览会、第19届中国（广西）-东盟食品糖酒博览会，得到了国外客商、广大市民及政府领导的高度评价。另外贝农红糖在推广与销售过程中利用电子商务平台、直播带货等进入大众视野，为农产品市场提供一个不受时间和地域限制的"24小时市场"，破解农产品"卖难"的问题。通过多次参加农产品展销会，贝农红糖曝光率逐渐增加，先后参与上林县广播电台《探索特色产业金点子　走上增收致富新路子》、南宁广播电视台《壮丽70年奋斗新时代　探上林新貌》、广西广播电视台综艺旅游频道《舌尖之旅》等专题电视节目拍摄，获

得社会各界认可。

　　李波利用互联网从业经验搭建起了贝农红糖官方网站以及贝农红糖官方微信号，同时在淘宝以及微店等交易平台开通网店，形成了完备的网上销售体系。他积极贡献智慧力量助力乡村振兴，连续三年参加广西壮族自治区直属机关团工委组织的"八桂青年有担当·我为广西带货忙"青年公益云农圩活动，为家乡特产好物带货。李波带着贝农红糖参加上林县电商直播创业大赛斩获冠军，参加南宁市第三届农民工创业大赛获得亚军和乡村振兴创业奖。

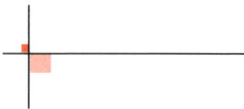

# 把小小坚果变成致富果

广西合山市澳洲坚果协会　苏子兰

苏子兰，生于 1982 年，林业工程师，广西钦州人，合山市工商联合会兼职副主席、广西信成农业开发有限公司执行董事、广西合山市蓝紫园林绿化工程有限责任公司执行董事、广西合山市润鸿农业技术有限公司技术负责人、广西壮族自治区第十四届人大代表、来宾市第五届人大代表、合山市第十届人大代表、合山市科技特派员，先后被评为 2013—2018 年来宾市劳动模范、2020 年广西劳动模范、2022 年来宾市最美科技工作者，2021 年荣获广西农牧渔业丰收奖。

初冬，在广西合山市澳洲坚果庄园示范基地，合山市澳洲坚果协会会长苏子兰在忙碌着，小小身影的她在基层已经磨炼了 20 年。"我的梦想就是通过自己的努力，让合山市种植澳洲坚果的农户能真正通过产业、通过科技致富。"怀揣初心，坚持梦想，苏子兰是这样说的，也是这样做的。

合山市发展澳洲坚果产业，至今已有 25 年的历史。2005 年，苏子兰开始接触澳洲坚果种植，面对当时品种杂乱、种管技术不到位的情况，身为一名农技人员，她想用科技为澳洲坚果产业赋能。于是，她开始收集、研究澳洲坚果的技术资料，在合山市做澳洲坚果种植的数据采集，同时到广东、云南、广西等引种澳洲坚果最早的地区参观学习。凭借着一份投身农技事业促进致富的坚定信念，她干劲十足地穿梭在田间地头，潜心澳洲坚果的研究和推广，手把手地传授种植户种植技术、技巧。2013 年，通过土地流转，苏子兰参与筹建了合山澳洲坚果庄园，以公司＋基地＋农户的产业化经营模式，为种植户提供技术、种苗等，极大地提升了合山市澳洲坚果的产量与品质。

事情的发展并不总是一帆风顺。2017 年，澳洲坚果空壳、坏果现象非常严重，不断有人打电话或发微信反映问题，有的种植户甚至跑到她面前哭着说："今年这坚果的品质不好，厂家不收购怎么办？"针对此种情况，苏子兰邀请了广西壮族自治区亚热带作物研究所（广西热作所）和广西南亚热带农业科学研究所（广西南亚所）的坚果专家展开调研，寻找病因以及解决和预防措施。从那时起，苏子兰意识到授人以鱼不如授人以渔，并且授人以渔还要找到合适的方法和途径。于是，在合山市科学技术协会的指导和支持下，她成立了澳洲坚果协会，通过协会组建了微信群、QQ 群，以理论授课和现场操作教学相结合的方式指导会员和种植户掌握病虫害防治技术，以科技下乡、技术到村、服务到户的形式，定期、定时、定点进行培训，每年举办澳洲坚果培训班 30 场左右，年平均接受培训人数达 6 000 人次，年技术咨询人数 8 000 人次，辐射带动更多的农户推行科学务农，使坚果空壳、虫害等问题得到了极大改善。

2016 年，苏子兰被合山市科技局选派为科技特派员。成为科技特派员后，苏子兰做的第一件事就是开展调查研究，找准工作切入点，她用了 2 个月的时间走遍了全市 159 个屯，从"种植户最盼什么"这个问题入手，寻找解决澳洲坚果效益偏低、增收缓慢的突破口，在掌握第一手材料基础上，她提出了"加大技术培训，建立产业基地，发展生态农业"的设想，并制定了产业发展规划。

里兰村思甘屯蒙叔由于年事已高，家里的坚果管护不到位，种植了 6 年都没有收益。对此，苏子兰采取公司＋农户的模式，接管了蒙叔的坚果园，通过品种改良、技术创新等方法改造果树，现在果园丰产了，每年蒙叔都能拿到可观的分红。

为了帮助协会会员和种植户节本增收，苏子兰先后与广西南亚所、广西热作所建立了澳洲坚果科技合作，通过各类平台促进科研院所、加工企业、种植户等有效融合，拉长澳洲坚果产业链，为合山澳洲坚果产业兴旺与发展夯实基础，推动合山澳洲坚果特色化、标准化、现代化、产业化。

# 重 庆

## 小花椒"麻"出大产业

重庆市江津区花椒产业协会　陈秀强

"根据天气预报，干旱还将持续，要及时补水。"2022 年 7 月 15 日，重庆市江津区花椒产业协会会长、江津区天丰花椒专业合作社总经理陈秀强在先锋镇花椒基地巡视花椒新梢生长情况时叮嘱椒农。

### 一、坚守一线，服务基层

1986 年，陈秀强从部队转业后，在重庆市江津区杜市镇粮油食品管理站干了十年的业务站长。1998 年，陈秀强上调重庆江津粮油联合购销公司任副总经理。从此，陈秀强与花椒结下不解之缘。20 多年来，陈秀强常年坚守一线，服务基层，致力于花椒选种育苗、栽培管理、精深加工等技术的研究与推广。

为促进江津花椒产业发展，2003 年，陈秀强成立了重庆市江津区花椒产业协会并担任会长。他先后探索和改良了花椒嫁（桥）接、矮化密植、病虫防治、平衡施肥、主枝回缩、衰老树改造和壮树丰产管护等新技术，使花椒挂果期从原来的三年缩短为一年半，亩产由 150～250 千克提高到 400～750 千克，为江津 50 余万亩花椒实现优质高产提供了有力的科技支撑，帮助农民年增收 2.5 亿元。

## 二、偶然的机会获得意想不到的成果

"它是江津花椒矮化密植技术的功臣。"陈秀强指着一株花椒树说,"过去花椒树从未有过修剪,长得高大粗壮,采摘比较困难。同时,过多的养分都被生长的枝叶所吸收,产量不尽如人意。"一次偶然的机会,陈秀强听说一位村民因为花椒树长得过于粗大,影响了邻居的生活,无奈只能将部分枝干砍掉。没想到,砍掉的枝叶第二年发育得比旧枝条还好。

这让陈秀强兴奋不已,便在自家的试验田进行了实验。开始时由于未能把握好时间、温度,不少花椒树都被"砍"死了。但活下来的树长得异常旺盛,产量也非常可观。

陈秀强还研制了适合青花椒特性的撒可富6度花椒果树专用肥,修剪枝条后施用该肥,产量大幅提升。

"真是小树不修不直溜,花椒树的修剪每年都得来这么一次。"这句话已经成为江津花椒管理中普及率最高的科普常识。

## 三、创新技术,成果丰硕

为了推广技术成果,陈秀强带领花椒协会专家和技术人员深入基层开办各类技术培训、示范指导512场次,参训人员11万人次。建立28个花椒科普示范基地,发展科技示范户5 100户,带动更多农民种植花椒、种好花椒。

紫荆村地处江津南部山区,坐落在紫荆山上,平均海拔1 000多米。而九叶青花椒适合种植区域一般在海拔600米以下,在紫荆村种花椒这可能吗?

陈秀强带领团队不断进行技术创新,成功将野花椒与九叶青花椒嫁接,培

育出适应高海拔的紫荆一号花椒新品种，将花椒种植适应区从海拔 600 米以下提高到 800 米以上。目前，紫荆村的花椒种植面积已达 1.2 万亩，全村 2 509 人人均年收入突破 9 000 元，其中种花椒收入达 5 000 元以上。

据陈秀强回忆，在重庆召开的一次花椒贸洽会上，一位日本的商人对青花椒十分感兴趣。为了把青花椒推向国际，陈秀强请村民连夜采摘，第二天准时送上了开往日本的飞机。"由于花椒树针刺密集且坚硬，椒农一般都会戴上手套在白天采摘。在花椒采摘历史上这是唯一的一次夜里采摘。"陈秀强比画着说，"从那一刻起，我就下定决心，一定要把花椒产业发展壮大。"

# 云 南

# 乡村致富"领头雁"

个旧市鸡街镇联帮农养殖专业合作社　姚保辉

"一个人致富不算富，乡里乡亲一起富起来才是真富。"姚保辉为了这个理想，给自己的合作社取名为"联帮农"。

姚保辉名下的联帮农养殖专业合作社，创办于 2014 年 4 月。这是一家集母猪引种培育、仔猪供应、育肥猪养殖、疫病防治、饲料加工销售和技术培训服务于一体的养殖专业合作社。2023 年，养殖种猪 1 100 多头、育肥猪 21 000 多头，产值达 8 600 多万元，纯利润达到 380 万元，帮助农户创收 205.2 万元。

## 一、少年励志，树立共同富裕理想

姚保辉来自农村，他熟悉农村、了解农民，更热爱农业。1991 年，17 岁的他家庭并不富裕，周边农民的日子也并不宽裕。在一次去大屯做客的时候，被人家养猪致富的实例震撼，激发他立下宏志，不但自己要靠养猪致富，还要带领乡亲一起致富。

回家后，他开始走上了养猪的道路，并且一走就是 30 多年。他从创业初期借钱买猪的穷小子到现在鼎鼎有名的乡村产业振兴致富带头人，经历了单打独斗到抱团取暖的发展过程，入社社员从 20 户发展壮大到 1 262 户，辐射带动周边 2 560 户，成为一只乡村致富"领头雁"。

## 二、学习创新，坚定科学养殖信念

科学技术是第一生产力。姚保辉创业 30 年来，始终坚持科学养殖的理念，他抓住国家大力培养乡土人才的契机，积极通过中国农村致富技术函授大学（农函大）、高素质农民培训、农民职业经理人培训等多种渠道提高自己，赴清华大学、云南大学等高等学府参加乡村振兴领头雁班深造，不断丰富自身的知识体系结构，提升科学养殖技术技能，并把所学知识运用到生产实践中。

通过学习，姚保辉不仅在养殖方面小有名气，还是种植方面的一把好手。2023 年，他在红河州农广校高素质农民技能比赛中荣获线鸡（阉鸡）技能比赛一等奖、苗木嫁接（蔬菜方向）技能比赛一等奖、选谷种比赛（剥谷子）三等奖。在成绩面前，他始终不骄不躁，带领合作社真抓实干求实效、凝心聚力谋发展。合作社于 2018 年被云南省供销合作社授予农民专业合作社示范社，于 2021 年被中华全国供销合作总社授予农民专业合作社示范社。

## 三、提质增效，科普服务无缝衔接

姚保辉非常注重品牌意识，合作社于 2015 年向国家知识产权局注册了"联帮农"商标，获得了权益保护。在猪舍建设标准、母猪选种、仔猪供应、育肥猪出栏等各个环节，合作社也都制定了严格的标准，每位社员都必须按标准严格执行。他率先实行"四个统一"和"三个确保"的养殖标准，即统一仔猪供应、统一饲料供给、统一技术服务、统一肥猪销售，确保不经培训合格的社员不上岗、确保防疫不完全的仔猪不供应、确保养殖时间不够的育肥猪不出栏。

合作社还为社员及广大养殖户提供免费科普跟踪服务工作。为确保科普工作落到实处，专门成立了科普小分队，抽调技术业务骨干负责组织开展科普专项工作。一是通过线上培训、线下指导交流等，从引种、市场信息分享、疫病诊治等方面开展服务，使养殖户无后顾之忧；二是充分运用多媒体开展线上指导，建立多个养殖户微信服务群，通过文字、语音和群众喜闻乐见的短视频等形式发布科学养殖信息。

姚保辉热爱学习，勇于创新。2014 年，他大胆尝试，首次把 PIC（五元杂交）、DIY（三元杂交）两个优良品种作为重点品种引进少数社员猪场中，按照标准化养殖要求喂养，结果发现肥猪出栏快、疫病少、肉质优，上市后得到了消费者的一致好评。PIC、DIY 两个优良品种试养获得成功后，在全市各乡镇进行了推广，提高了生猪的品质和出栏率，另外，合作社开设了4家鲜肉店，形成了从仔猪供应、饲养配比、育肥猪宰杀、鲜肉销售为一体的服务体系，让百姓吃上了放心肉。

## 四、服务"三农"，赢得群众满意口碑

姚保辉没有华丽的语言，他带领的个旧市鸡街镇联帮农养殖专业合作社以联合社企力量、帮扶基层农村为目标，在推进产业发展、助力乡村振兴中发挥了积极促进作用。尤其是在新冠疫情防控期间，合作社饲养的生猪供应保障了市民"菜篮子"需求，让人们吃上了放心肉，为社会稳定提供了良好保障。姚保辉在广大社员中拥有较强的凝聚力和影响力，在农户心中树立了良好的形象和口碑，获得了农户的一致好评，甚至有农户亲切地称他为"猪爸爸"。

姚保辉说："感谢农广校对我的培养，感谢高素质农民项目给我的学习机会，我衷心希望农广校越办越好，培育出更多有文化、懂技术、会管理、善经营的高素质农民。我也会一如既往为实现农业强、农村美、农民富的美好蓝图贡献一己之力！"

# 专注小石榴　带动大发展

宾川县农技协联合会　唐　军

唐军是云南省宾川县农技协联合会副会长、宾川县绿色果品开发有限责任公司董事长。他专注一棵小石榴，带动了果农增收致富。他还在县工商联主席岗位无私奉献10年，推动了宾川县民营经济的健康发展。

## 一、自主创业谋发展

1988年高中毕业后唐军开始自主创业，1994年成功培育出了爽馨软籽石榴品种，2001年注册成立了宾川县绿色果品开发有限责任公司，建立了30亩石榴苗圃，每年提供30万株优质石榴苗，建立了千亩爽馨石榴现代农业科技示范园，采取公司＋示范基地＋合作社＋农户＋市场的经营机制，带动全县及周边地区农户发展爽馨石榴近4万亩，开辟了国际国内市场，平均亩产值4万余元，最高达8万元，同时示范园被中国科学技术协会和财政部表彰为全国科普示范基地。

## 二、承担义务科普宣传员

为满足市场需求，带动群众发展石榴产业，实现依靠科技增收致富，履行企业的社会责任，唐军主动当起了义务科普宣传员，多年来免费举办了爽馨软籽石榴种植管理技术培训班54场次，受训人数达3 000多人次，带动宾川、永胜及周边地区培育软籽石榴产业10万余亩，与省内外客商建立营销合作关系，开拓国内外销售市场，促进2万多人创业就业，每年实现产值7亿余元。

## 三、开展品牌创建工程

唐军带领团队实施"农业＋品牌建设"工程，申请了一种干热河谷地区的石榴栽培方法、一种石榴露酒酿制方法、一种复合型石榴酵素的制备方法等 5 个国家级发明专利；研发了石榴酒、石榴汁、石榴花蜜等产品；申办了出口农产品种植和出口水果基地备案、有机产品认证、商标认证、发明专利认证等；注册了"爽馨"石榴、"榴花湾"蜂蜜、"盛唐峰韵"石榴酒等 7 个商标。

以"万企帮万村"精准扶贫行动为载体，唐军组织公司员工与 96 户建档立卡贫困户实现全覆盖结对帮扶。在产业扶贫方面，调整农业产业结构，提高土地利用率，以此带动贫困户经济发展。以赊销、赠送等形式帮助贫困户发展优质软籽石榴 3 000 余亩。给贫困户提供优质种苗并无偿承担技术指导、科技培训，在帮扶带动下，如今，优质软籽石榴种植近 4 万亩，平均亩产值 4 万元。从 2015 年起，公司每年将 200 万元的农业生产资料（化肥）赊销给特困户发展生产、脱贫致富。通过近 10 年的努力，带动 2 187 户贫困户脱贫增收。唐军被评为宾川县社会扶贫模范和扶贫先进工作者，公司被评为全国精准扶贫标准化示范企业。

2012—2022 年，唐军以民营企业家身份担任宾川县工商联主席，他不领工资和报酬，无私奉献 10 年。10 年来，他带动宾川民营企业发展，宾川民营经济由弱变强，市场主体由少到多，宾川县工商联四次被表彰为全国五好工商联。2015 年挂钩拉乌乡箐门口村以来，唐军带领干部职工走村入户、访贫问苦，积极争取项目资金，公司捐款近 30 万元。箐门口村脱贫攻坚工作成效显著，农村基础设施不断完善，群众生活水平逐年提高，63 户贫困户全部脱贫，是全县第一个贫困户清零的村庄，箐门口村还成为宾川首家全国乡村治理示范村、全国美丽休闲乡村、云南省美丽乡村。

# 陕　西

## 用科技发展产业　传科技实现致富

榆林市榆阳区耀国家庭农场　思耀国

思耀国，生于1975年，大专学历，现任榆阳区思路农机合作社理事长、榆阳区耀国家庭农场负责人。高级职业农民，陕西省高素质农民领军人才、"头雁"人才，陕西省马铃薯产业技术体系岗位专家，中国农学会科技志愿服务总队榆林市科普兴农分队队长，陕西省高素质农民培育名师，榆林市人大代表，榆阳区政协委员。

## 一、科技助推产业发展

2013年，思耀国创办了集种植、养殖、农业机械社会化服务为一体的新型家庭农场——榆阳区耀国家庭农场。农场位于毛乌素沙漠边缘的榆林市榆阳区补浪河乡魏家峁村，共有家庭成员4人，常年雇工2人。农场以种植玉米、马铃薯为基础，经营土地1 200余亩，养殖白绒山羊、湖羊，存栏2 000余只，形成了种养结合、循环发展的经营模式。农场拥有播种机、收割机等40多台（套），农用无人机10架，建有养殖圈舍、机库、生产间、办公室及农产品仓储保鲜冷链库等设施用房23 330平方米，固定资产500余万元。2017年率先引进湖羊优良品种，开展湖羊种羊繁殖培育。目前，耀国家庭农场养殖湖羊规模达到1 500多只，带动周边农户养殖规模达到3万多只。农场与多家经营主体合作，发展订单农业，采取统一品种、统一耕种、统一技术、统一防治、统一收购模式，与周边11个家庭农场和6个合作社建立产业联盟，从种、养、加、销多环节入手服务农户达 6 万多户，为推动当地农业产业发展和农民增收致富做出了突出贡献。2022 年耀国家庭农场被评为陕西省示范家庭农场、榆林市乡村振兴科技示范基地。

## 二、科技破解发展难题

面对青壮年劳动力少、工费高的难题，2016 年，思耀国成立榆阳区思路农机合作社。合作社依托过硬的技术实力、优良的农机装备、丰富的生产管理经验和良好的信誉，积极发挥社会化服务组织功能，本着"做给农民看，带着农民干，帮助农民办"的理念，与周边 1 200 多户群众建立合作关系，为周边农民种粮提供耕、种、管、收、销全程托管服务，托管面积 3.5 万余亩，户均节本增收 1 万余元，为巴石壕、魏家峁等村的低收入户无偿提供春耕深翻、播种、收割等农机服务，服务面积 3 000 余亩，让农民从繁重的劳动中解放出来，使农民种地更轻松、雇工更省钱。2021 年，思路农机合作社入选全国星级农业科技社会化服务组织。

## 三、科普服务成效显著

一枝独秀不是春，百花齐放春满园。2021 年 8 月，思耀国组织成立了中国农学会科技志愿服务总队榆阳区耀国科普兴农分队，吸纳榆林学院教授和本地乡土专家、高素质农民等 15 名志愿者为团队成员。作为全省首批领军人才、陕西省马铃薯产业技术体系岗位专家、中国农学会科技志愿服务总队榆林市科普兴农分队队长、陕西省高素质农民培育名师，思耀国带领分队队员常年深入田间地头，开展面对面、手把手、田到田的技术指导和服务，推广新品种、新技术，传播集种植、养殖、农业机械社会化服务为一体的三产融合、良性循环模式新理念，提高农民掌握和运用先进技术发展生产、增收致富的能力，让农民从繁重的劳动中解放出来。据统计，服务分队近几年先后组织培训农民 2 000 多人次、无人机飞手 120 多人，为榆林市横山区、靖边县及内蒙古乌审旗等 120 多个农民合作社、家庭农场、种粮大户提供技术服务，培育了一批农村科技示范户，形成了"大户带小户、农户帮农户、基地带全村、全村辐射乡"的良好局面。思耀国作为志愿服务分队队长在全国乡村振兴高素质农民暨基层科技志愿者培训班上进行经验交流，让更多人感知到农业科技的魅力。

## 四、建言献策强化落实

思耀国充分发挥榆林市人大代表、榆阳区政协委员职责，就科技普及推广工作提交建议 6 条，为提升农民素质素养强化了政策支撑。如充分调动社会各界力量，结合农时，广泛开展形式多样、内容丰富的科技培训活动，不断提高广大农民群众依靠科学及先进技术致富的本领。同时，通过举办科普大集、科技培训、科普讲座、科普展览、科技咨询、科技竞赛，放映科教片，进行科普文艺演出，发放科普资料、科技短信等形式，开展一系列贴近实际、贴近生活、贴近群众、内容丰富、形式多样的群众性科普活动。此外，加强组织引导，建立完善抽查考核制度，使科普活动制度化、规范化和常态化。思耀国的目标是建立一个独具特色的志愿服务队伍，不断普及农业科技知识，倡导科学生产技术，传播科学思想，弘扬科学精神，不断增强农民群众的获得感、幸福感和安全感，为推进农业现代化和助力乡村振兴做出贡献。

# 在平凡中努力出众
# 做好社会化服务

陈松波，生于1985年，中级职业农民，大专学历。2008年退伍回乡，放弃了去政府部门工作的机会，回到农村干起了农业技术推广工作，一干就是十几年。

## 一、县里第一支农业技术服务队

十几年来，在一线工作的陈松波发现，猕猴桃生产上存在很多问题，果农生产技术不统一，施肥没有统一标准，植保技术跟不上，于是他下定决心一定要将这些问题逐一解决，让果农的猕猴桃生产实行统一管理。

目前农村的现状是大部分年轻人出去打工，地里干活的几乎是60岁以上的老人，每家栽种几亩猕猴桃，技术和劳动力都不足，生产的果子品质差，也卖不到好价钱。

看到这种现状，陈松波决心要成立一支农业技术服务队，解决果农猕猴桃生产中遇到的技术问题，提高果品质量，促进产业发展。2019年8月，陈松波组织20名职业农民成立了周至县第一支农业技术服务队——松波农业技术服务队。

自服务队成立以来，陈松波一直带领队员走进田间地头，为果农免费进行技术指导，每年带领队员下乡义务服务4次，为种植户进行技术培训，参加培训人员1 000人次，冬季修剪从服务队刚成立时服务面积500亩，到现在的服务面积10 000亩，服务范围不断扩大，从周至县到现在服务的周边6个县区（鄠邑、眉县、杨凌、武功、兴平、佛坪）。

## 二、抗疫服务两不误

2020年，队伍从成立时的20人发展到40人。随着队伍的壮大，服务果农也越来越多。正当 2020 年松波农业计划开春要大干一场的时候，突如其来的新冠疫情给人们的生活按下了暂停键。当时疫情正值春季猕猴桃生产，人员不能聚集，果农的生产资料购买是个大问题。陈松波为了不耽搁果农的春耕生产，组织 3 名队员召开小型会议，商量给果农送肥的问题。他们三个人分头行动，有面包车的用面包车送肥，有三轮车的用三轮车送肥。那时送货车只能送到村口，他们又帮着果农再送到家里。松波和队员们一边防疫，一边安排果农的生产，为果农配送农资 100 多吨，为果农挽回损失 800 多万元，受到了果农的一致好评。

从 2020 年新冠疫情发生以来，陈松波每天开着自己的三轮车义务为村子消毒一次，展示着一个军人的风采。新冠疫情防控期间，陈松波为果农的技术服务一直没间断，三年疫情他为医务人员和政府一线防疫人员捐赠猕猴桃 2 000 多件，价值 10 万元，受到周至县政府的好评。为了降低果农的投入并提质增效，响应国家"两减一增"号召，陈松波不断联系政府和厂家组织国家补贴生物有机肥 1 000 多吨，给果农进行补贴，使果农每亩地增收 1 000 元。

## 三、新血液新使命

2021 年 3 月，服务队有幸加入中国农学会科技志愿服务总队。随着志愿者队伍的成立，团队又注入了新的血液，有了新的使命。6 月，成员数扩展至 50 多人，同时新成立了三个技术指导服务小组：施肥喷药队、绑枝队和嫁接队。绑枝队由两个队长负责，嫁接队由两个队长负责，并安排队员分组轮流进行志愿服务，指导果农 500 余户。

2022 年，猕猴桃花期低温对猕猴桃人工授粉工作造成了很大影响，陈松波带领服务队员们放下自己地里的活，为农户进行技术指导，挽回了大多数果农低温授粉的损失。猕猴桃膨大期遇高温影响，陈松波又带领队员顶着烈日下地为农户进行志愿服务，传授高温期猕猴桃管理技术。

通过松波农业技术服务队这几年的精心指导，大多数果农果园的园貌都得到了有效的改善，产量增加了、品质提高了，收入也比以前增加 30%。

2023 年，在陈松波的带领下，中国农学会科技志愿服务总队周至果蔬松波分队建起了 100 亩猕猴桃标准化示范园，进行统一管理，打造有机猕猴桃产品。目前，队伍和西北农林科技大学农链科技联合引进高科技无人驾驶植保喷雾机，解决果农植保防虫难问题，并由此吸引更多的年轻人回乡创业，加入松波农业服务队。

# 把论文写在田野里的"农医生"

西安市高陵区职业农民协会 吉根林

吉根林，生于 1972 年，中共党员，大专文化程度，高级职业农民，农民农艺师。现任西安市高陵区根林大棚蔬菜专业合作社理事长、高陵区职业农民协会会长。多年来一直从事蔬菜栽培管理技术研究、基层农技服务和技术推广工作。年培训种植户 1 000 余人次，累计科普服务农民 2 万余人次。

## 一、深入一线，开展农业科普服务

2010 年，吉根林发起成立了西安市高陵区根林大棚蔬菜专业合作社并任理事长。依托根林大棚蔬菜专业合作社，为菜农提供产前、产中、产后等栽培过程中的技术服务，并以低于市场价的价格提供果蔬种苗和农资。多年来为当地农户提供安全高效低残留农药 40 余吨、化肥 800 余吨、良种 200 余吨、药械 2 000 件（套），为当地设施农业发展和农民增收提供了农技服务。

2008 年秋季，高陵区通远镇火箭村二组村民童刚等的温室大棚芹菜发生了严重的斑枯病，几乎绝收。对此，吉根林通过科学技术指导，有效控制了病害蔓延，减少了损失。在蔬菜病虫害频发的年份，吉根林一次次通过科学技术指导，避免了设施蔬菜管理中存在的常见问题。吉根林重点指导蔬菜温室大棚 330 余栋，年平均增产 20％以上。尤其在设施蔬菜栽培技术及病虫害防治方面取得了良好的效果。在高新农药引进方面，吉根林引进了植物平衡生长调节剂"碧护"，并推广面积 2 万亩，平均亩增产 20％以上；引进的番茄新品种齐达丽、莎丽、茱丽等抗番茄黄化曲叶病毒病达 90％以上；引进的 PO 膜，保温性好，不易吸附灰尘，减少了病害的发生，使产品提早上市 10～15 天，增产增收达 30％以上。在设施蔬菜病害防治方面，也有新突破，如针对黄瓜靶斑病的防治，筛选出了 3 组效果好的农药配方，效果达

90%以上。

## 二、笔耕不辍，拓宽科普服务领域

多年来，吉根林始终坚持做好农村一线的科普服务研究和推广工作，及时编写科普论文。2012年至今，发表蔬菜种植方面的科技论文30余篇，有针对性地解决了设施蔬菜生产中遇到的各种困难。如《早春菜豆灰霉病综合防治》《保护地黄瓜霜霉病无公害防治要点》《越冬辣椒施肥与病虫防治经验》《芹菜根腐病综合防治》《设施芹菜斑枯病的综合防治》《越冬番茄高产栽培技术》《越冬辣椒栽培技术》《番茄叶霉病无公害综合防治》等，对广大群众起到科普引领作用。

由于吉根林在农业科普领域成绩突出，2010年5月被高陵农业局推荐参加了中国农业科学院蔬菜花卉研究所在山东省寿光市举办的中国设施蔬菜病虫控制与安全生产高新实用技术培训班和第十期蔬菜疑难病虫害显微镜培训班学习，进一步提高了专业知识和技能水平。学习归来后，经申请，并依托根林合作社为高陵区植保站建立了病虫监测点。

## 三、辐射带动，让更多农民增产增收

吉根林常说，自己富了不算富，只有通过科普，引领和带动农民一起致富增收那才叫富。

高陵区通远街道仁村六组贫困户杨芬早年丧夫，身患残疾，还要养活两个近30岁还未成家的儿子，家境贫寒。吉根林一方面通过手把手传授她农业栽培技术，并以低价提供农药化肥等，扶持其产业发展；另一方面出薪酬让杨芬到他的合作社常年打工，补贴家用，并赠送智能手机一部。还鼓舞其儿子杨帅参加高陵区高素质农民果蔬专业培育班。

据不完全统计，2015年至今，吉根林利用所学专业知识和技能，帮助和带动高陵区贫困户40余户，受到了当地干部群众的一致好评。

高陵区根林大棚蔬菜专业合作社成员人均年收入从2014年的1.5万元发展到2022年的3.5万元以上。近年来，吉根林通过开展科普服务活动，带动高陵区万余群众进行科学种植管理，实现增产增收，并辐射带动长安、鄠邑等地区200余蔬菜种植户依靠科学种植实现增收。

由于业绩突出，吉根林被中国植保协会授予"农医生"荣誉称号，并先后被评选为第五届金草帽全国基层农技专家、陕西省2021年高素质农民领军人才；在2022年全国科技活动周及重大示范活动中，他积极参与，热情服务，表现优异,受到科学技术部科技人才与科学普及司表彰。

# "山羊卫士"李博

陇县奶山羊合作社联合会　李　博

> 李博，生于 1990 年，陕西陇县人，大专学历，高级职业农民。现任陇县秦羊奶畜生态养殖专业合作社理事长、陇县奶山羊联合会会长、陇县"山羊卫士"技术服务队队长。

## 一、有困难找"山羊卫士"

2021 年 4 月初，陕西省陇县城关镇黄崖村一新建羊场的鲜奶储存罐看似一切运行正常，但罐中的羊奶就是降不了温，致使羊奶变质不能交售。养殖场的张场长急忙向储存罐厂家打电话，但厂家说技术人员三四天之后才能赶到，另外还要报销技术人员的车费等。

"钱是小事，但时间等不得，多等一天就要多损失 2 000 多元。"张场长说。无奈之中，有人让他给"山羊卫士"技术服务队的人打电话求助，看能不能帮助解决问题。没想到李博很快就从 20 多千米外赶到了他们的羊场。李博到了羊场后，察看了储存罐运行情况，很快找到了故障原因并给予排除。为了保险起见，又在储存罐里倒入半罐清水进行调试，直到温度达到要求。排除储存罐故障之后，他又用随身携带的乳腺炎检测试剂对该羊场的奶羊进行了检测，对发现的问题进行了指导。李博临走时，张场长要给他一些感谢费，可他一分钱也不收，还说以后有技术方面的事就联系，"山羊卫士"技术服务队无偿提供服务。

现在在陇县，凡是新建羊场的、规模养羊的，遇到问题都喜欢给"山羊卫士"技术服务队打电话咨询。越来越多的养殖群众有困难就会想到他们。

## 二、"山羊卫士"的诞生

作为陇县奶山羊产业发展的参与者和见证者，2015 年，李博切身感受到奶山羊产业兴、百姓富的良好态势。同时，他也发现，当时的陇县奶山羊产业发展还存在着技术服务力量薄弱、优质高产群体规模小、单产水平低等现实问题，尤其是小规模和新创办的羊场、家庭牧场的养殖技术水平不高，直接影响着生产性能的发挥和增收效益。而陇县奶山羊产业经过多年发展，当时已经涌现出了一大批善学习、懂技术、有经验的乡土人才，可以吸纳整合此类人才资源，为全县奶山羊养殖场（户）提供技术服务，助力奶山羊产业发展壮大。

在李博牵头下，陇县"山羊卫士"技术服务队孕育而生，成员15名，其中中共党员5名，队员由全县各奶山羊养殖场多年来一直从事奶山羊养殖，熟悉奶山羊生产环节，具有较高理论水平、扎实专业知识和丰富实践经验的技术人员组成。"山羊卫士"技术服务队开始奔波在广大乡村的田间地头、活跃在星罗棋布的羊场，与奶农论种草、话养殖、谈技术、谋增收，极大地激发了大家对科学养羊的热情和积极性。

服务队在高素质农民科普工作中积极开设专题技术培训会，对养殖场（户）开展培训服务，累计组织培训10次，服务群众610人，其中脱贫人口46人。积极利用一切下乡机会向广大养羊场（户）传授生产技术、管理经验，认真指导各场（户）切实搞好奶山羊妊娠分娩、羔羊培育、育成羊管理、产奶羊标准化饲养管理以及奶山羊疫病防控等关键生产环节，有效地提高了农村规模养殖场（户）的羔羊成活率、产奶量和经济效益。2022年度累计开展技术指导20人次，开展经验交流与观摩50人次，开展调查研究8次。

## 三、科技服务的亮丽名片

在奶山羊生产过程中，养殖场（户）遇到各种问题都会反馈给李博，请他来帮忙解决。

近年来一个比较普遍的典型问题就是春季奶山羊生产时，羔羊成活率低。李博深知这样的问题严重制约了奶山羊产业可持续发展，影响了养殖效益。

李博面对难题从不退缩，而是始终以一颗进取的心、担当的情，积极搞创新、全力解难题。他带领团队研究出了适合当地特点的奶山羊羔羊人工保育技术。这种技术以奶山羊健康养殖为基础，以良种繁育为纽带，结合奶山羊生物学特性和生理特点，运用科学的人工饲养管理技术保证羔羊快速健康发育，将羔羊生长发育速度放在可控的范围内，为下阶段青年羊培育乃至秋季集中配种打好基础，不但可提高羔羊的成活率，增加数量，而且能促进羔羊的生长发育。

该技术近三年来已经在150个养殖场推广示范，应用效果显著。通过调查统计，运用该技术后羔羊成活率达到98％，60天羔羊断奶体重由之前的10千克增加到 15 千克以上，8 月龄体重达到 40 千克以上，95％以上的羊已性成熟。奶山羊羔羊人工保育技术累计饲养羔羊 15 万只，新增生产总值 1.5 亿元，具有较强的示范效用。

目前，李博组建的"山羊卫士"技术服务队已成为陇县奶山羊科技服务的亮丽名片。"山羊卫士"技术服务队的事迹先后被宝鸡日报社、宝鸡电视台、陕西农业农村报、陕西电视台、新华社等媒体报道。李博同志也荣获宝鸡市十佳人才、宝鸡市技术能手、宝鸡市创业之星、宝鸡市十佳职业农民领军人才等荣誉称号。

# 科普稻田农事　打造陇上江南

陇县丰瑞种养殖农民专业合作社　马　超

马超，生于1991年，中共党员，本科学历，陕西省高级职业农民。2017年退役后自主创业，先后筹建陇县丰瑞种养殖农民专业合作社、陇县新青年家庭农场。2021年3月当选为陇县东风镇梨林川村委会副主任。

## 一、时隔50多年，陇县重新长出水稻

马超最自豪的事，莫过于让陇县时隔50多年重新长出水稻，在北方实现稻田鱼米风光，最终受到当地群众的信任和认可。

凭借在部队的育花经验和参军锻炼出来的钻研劲儿，2020年，马超花了一整年时间，一边研究水稻的培育方式，一边跑遍河南驻马店、陕西汉中和宝鸡岐山等地进行实地考察，还邀请西安农业基地的负责人到陇县东风镇梨林川村实地勘察，最终确定种植长粒香、五优稻4号等水稻品种，之后着手揽办村里的水稻种植事业。2021年10月底，水稻喜获丰收。当马超欣喜于第一次试种的优秀成绩，燃起办好家乡特色产业的决心时，却引来了很多村民的担忧："农业本来就投入比较大，你这样做能挣多少钱？""现在看着挺好，过两年肯定亏得裤子都提不起。"面对这些质疑和不安，马超坚持认为："一个村子有了产业才能发展，才能脱贫致富。"他积极响应陇县县委、县政府号召，搭建合作社＋基地＋农户模式，把村里的群众也拉入产业链条，拧成一股绳，凝聚一条心。随着稻田长势渐好，村民们自然而然地加入进来，并提出中肯的建议：可以在地里养殖大闸蟹、淡水鱼，实现一田多收、一季多收。

最终，马超依托这一思路发展出生态种养循环模式，让合作社产收实现大幅增长。

## 二、一通电话，开启农业科普之梦

在这片陇上稻田里，马超不仅看到了经济价值，也看到了无价的社会效益和教育意义。

2021年，马超正在田间劳作，突然接到一通电话，一位幼儿园老师说，想带领学生到稻田开展户外实践教学。正是这通电话，将学生与乡间田野连接起来，也让马超萌生了农业科普之梦。

首次接触农业科普教育活动，马超有些不知所措，无从下手，放下电话后，他立刻开始上网查阅资料，并结合自身从事农业的经验，梳理科普教育思路。此后，每年都有中小学生到园区开展农事体验活动，越来越多的学生们在梨林川田间感受到了生动新鲜的农业知识。

在一次科普教育活动中，他听到有一位学生说："哇，大米原来是这样种出来的，好神奇啊！"作为农民的儿子，马超从小便熟知各种农作物的种植与收获，如今很多学生却缺乏与农业的亲密接触，恰好这片陇上稻田可以弥补这项缺憾，帮助学生们在农田里收获第一手农事经验，激发和培养青少年学生对农业知识的兴趣和爱好，或许未来他们中便会涌现出从事农业的高科技人才。

马超的脑海中也不断涌现农业研学旅游的想法，他通过挖掘本土文化，依托农家饮食、户外娱乐等，吸引了一大批不同年龄群体的游客，将科普工作的效果最大化，实现农业生态、经济及社会效益的有机统一。

## 三、线上线下结合，加快科普传播速度

梨林川村自然资源比较丰富，国家二级保护动物灰鹭、白鹭在此栖息，加之村庄交通便利，靠近八渡景区和高速路口，每年从市区前来参观、写生的游客较多。马超结合本村特色资源，在种植水稻的基础上，利用农作物生长间隙，发展出农事体验与乡村旅游结合的新农业模式。通过打造农事体验、亲子游乐、餐饮民宿、水上游乐、田间花海、百亩稻田文化、蔬菜采摘园、研学基地等一体化综合生态休闲观光项目，实现寓教于乐的科普新体验。

自2021年开始，合作社精准施策，不断面向社会各类群体提供科普服务。在院校师生方面，已服务包括幼儿园小朋友、中小学生、大学生共200余人次。学生近距离接触农田，了解农作物种植科学知识，感受生态农业之美，学校老师反馈户外教学效果很好。在农民培训方面，对接陇县农业宣传中心，先后有180余人次高素质农民到合作社参观稻田。在团建旅游方面，三年来共接待游客6万多人次，多为亲子游、企业团建活动等，带动餐饮收入17万元。

随着水稻产业链做大做强，以及短视频平台的火爆，马超尝试在线上垂直售卖陇县农产品，朝着产供销一体化的方向迈进。在售卖产品的同时，马超也尽力通过短视频平台科普农业活动，分享在稻田农作的日常视频，他还邀请粉丝来稻田实地参观等，线上线下普及农业科学知识。除了自己积极参加县里的各类产业培训外，他也将学到的知识传递给更多人，尤其是老人。老一辈农人缺乏系统农业知识，在进行农业活动时往往只凭借个人经验，很容易失败。马超把这些老人拉入合作链条，一方面为乡村发展提供大量工作岗位，另一方面也通过村里举行的电商培训，教农民把手机变成"新农具"，推动村民对专业种养知识的学习，扩大农业科普队伍。

线下，他亲自带领学生、农民走进稻田，在田间地头科普农业知识；线上，他通过拍短视频、举行村民电商培训，加快农业科普速度。

# 致力科技推广　助力乡村振兴

咸阳市秦都区鑫诚蔬菜种植专业合作社　武军社

武军社，生于 1972 年，中共党员，现任咸阳市秦都区鑫诚现代农业园区理事长、咸阳市新型职业农民蔬菜协会会长、咸阳市人大代表，先后被评为陕西省高级职业农民、陕西省劳动模范、陕西省高素质农民领军人才等。

## 一、组建职农协会，带动经营队伍发展壮大

2011 年，武军社回到家乡着手创办蔬菜种植合作社，并于 2013 年 4 月成立了鑫诚现代农业园区，种植区域覆盖咸阳 12 个县份，为全国 6 个地区 14 个大中小城市常年提供优质蔬菜。

鑫诚园区联合全市 53 家农民专业合作社、农业企业、家庭农场组建成立了咸阳市职业农民蔬菜产业协会。鑫诚园区作为会长单位运营协会各项事务。协会自成立以来发展会员单位 53 家，会员 3 000 余人，常态化组织会员代表赴山东观摩学习现代设施农业，组织会员代表参加咸阳市高素质农民论坛等系列活动。

目前，协会代表全体会员与企业签订有效蔬菜销售合同 1.26 亿元，协会运营的"职业农夫"公益品牌让农民及产业大户免费使用。协会还为会员提供统一品种、技术指导、订单销售、跟踪售后等服务，经测算，协会会员通过技术提升产品品质，平均每亩增加收入 800～1 000 元。

## 二、发挥头雁作用，积极开展科技培训

武军社通过调查研究，深入基层，积极探索出"四结合、三重点、一规范"的科技培训新模式，即把科技培训与农民文化素质提高、实用技术培训、

农业生产实践、新品种新技术推广、农业标准化建设相结合，重点开展蔬菜高产、高效、优质等科普宣传活动，并结合不同产业特点和农民需求，把新品种新技术送到田间地头，为促进农民增收发挥积极作用。

他先后引进5个蔬菜新品种，提倡建设无公害蔬菜生产基地，并进行现场指导，示范推广青花菜、芥蓝、番茄、西芹等多个品种，建成无公害蔬菜生产基地500余亩，带动农户300余户。他还充分利用当地的自然资源优势，探索和总结番茄、青花菜、西芹、黄金白菜、芥蓝高产栽培技术，为加快蔬菜品种更新换代，增加经济效益提供科学依据。

园区同时还承担市、县两级高素质农民培育科技示范观摩工作任务。自高素质农民培育工作开展以来，武军社指导蔬菜科技实践106场次，培训高素质农民5 300余人。园区荣获陕西省职业农民实训基地、咸阳市先进实训基地等荣誉称号。

## 三、做好科技示范，全力推进科普工作

在搞好农业技术推广的同时，武军社注重发挥自身优势，积极开展科普活动。他从品种选择、培育壮苗、定植苗的管理等方面详细讲解蔬菜种植的要点，还经常组织种植大户到智能温室大棚现场观摩，为他们直观形象地讲解蔬菜的种植技术、常见病虫害的防治措施和无公害蔬菜生产中应掌握的注意事项。

他注重示范带动，激发农民依靠科技脱贫致富的积极性和主动性；对返乡农民工开展有针对性的技术培训；积极争取资金，为农民提供科技知识、

科技咨询、科技培训等服务。加强农村科普，开展信息资源共享，增设科普宣传栏、科普宣传员，促进科普工作社会化、经常化，使农民通过广播、电视和党员远程网络平台学习农业技术，了解市场信息，丰富文化生活，了解党的路线、方针、政策。

在武军社的带领下，2023年鑫诚蔬菜种植专业合作社被评为陕西省大中小学劳动教育实践基地、陕西省中小学生研学实践教育基地。

# 创新经营服务 头雁领航发展

洛川育兴有机苹果专业合作社 张育珍

张育珍，生于1967年，中共党员，高级农艺师，陕西省延安市洛川县朱牛乡东化庄村人。洛川育兴有机苹果专业合作社理事长、陕西省十佳职业农民、陕西省优秀科技特派员、陕西省职业农民协会副会长、延安职业农民协会会长、陕西省高素质农民优秀宣讲员、省市县高素质农民特聘教师。

张育珍返乡从事苹果产业34年，在家乡领办果业协会，成立专业合作社，社员由95户发展到2 898户，生产规模由189亩发展到21 689亩，社员人均苹果纯收入由286元提升到28 698元，由洛川辐射到周边的32个地市200多个村，带动农民28 600余户。2018年领办延安市新型职业农民协会。

他是普通的农民，却操心着49 000多户农民的心；他经营着企业，却挽着裤腿在地里种苹果。着迷苹果30余年，他利用互联网给苹果产业插上了发展的翅膀，被人们尊称为"农民科学家"。

## 一、组建专业合作社，率先打造高端苹果

延安，被称为"苹果之都"，是我国目前集中连片规模最大的绿色苹果生产基地。出身农村的张育珍，对农业，特别是苹果有着一种天生的痴迷。

20世纪80年代末至90年代，全国苹果种植规模迅速扩张，洛川县果农发展苹果产业积极性高，对生产技术的需求日益强烈。张育珍不光免费为当地村民提供苹果技术服务、销售信息等，他还最早组建了有机苹果专业合作社，不断进行技术创新，通过一系列严格的生产工艺，使生产的苹果经检验达到合格，并在洛川县最早取得了有机认证证书。2008年他带着有"身份证"的有机苹果在第十八届杨凌农高会，以单颗25元、12颗300元的价格进行售卖，

成了当时的"天价"苹果！

## 二、创新苹果智能种植模式，打造职业农民交流平台

在洛川县中国苹果第一村，张育珍首创的"数字物联网"示范种植模式，既节省投资又便于现代化耕作。利用高压微喷模式解决了干旱地区现代矮化苹果种植的诸多问题，手机一键启动可 1 小时完成施肥、3 分钟完成打药，还可以实现土壤营养数据检测实时报、土壤水分参考值预报、气象预警早知道等，节省人力劳动力 90％以上，使互联网赋能传统农业。他说："苹果产业一定需要互联网来推进。"

2018 年，张育珍领办了延安市新型职业农民协会。他进一步拓宽了发展思路，边服务边学习，组织倡导延安高素质农民参加社会公益活动，成立协会技术服务远程平台及服务队；打造建立高素质农民田间学校，田间学校示范推广基地也成了邻县、省市农民参观学习的示范点。据不完全统计，田间学校前来培训的全国高素质农民达 28 000 余名，海内外学习达 1 200 余人，研学接待 2 186 人次。2021 年，田间学校被评为国家级职业农民优秀田间学校。

## 三、大胆实践创新技术，发挥头雁引领作用

张育珍不是一个墨守成规的人，他爱动脑、善创新。出于对农业的热爱，张育珍不仅在自我修炼上下足了功夫，还积极到国内外主动学习先进的农业技术经验。从 2008 年到现在，他自费国内外考察学习多达上百次。每次他都虚心学习，广泛交流，他的实践经验和独到见解也受到了专家和同行们的认可。

经过参加职业培训、实地考察及案例分享，张育珍真正了解了产业如何定位、如何适度发展，果农经济收入长效增长机制如何科学建立。为了推动区域苹果产业规划调整，他大胆推进苹果产业转型升级，并推出了高效密植现代化生产管理模式等系列方案，创新开启了创不定期栽植、创带果栽植、创当年收益的"三创"模式。此外，他带领农民全力推行减密度、改品种，商品化运作推广"育兴"洛川苹果种植经验。2015 年他以巡回技术交流讲座的方式走访了内蒙古、河北、新疆、湖南、湖北、广西、甘肃、山西等十几个地区，为企业"传经送宝"的同时，也发挥了高素质农民头雁的引领作用，还学到了更多的先进技术和管理知识。

在张育珍的不懈追求和努力下，目前，协会＋合作社＋家庭农场的"职农"模式已经真正实现了"生产有基地、管理有方案、技术有专家、营销有品牌、质量追溯有保证"的高效模式。

## 四、坚定现代农业信念，描绘现代农业蓝图

作为团队的带头人，张育珍说："现在的农业，已经不能停留在传统的种植和销售上，要紧跟时代的要求，用互联网的思维方式去经营农业，用工业体系来推进农业标准化。"

张育珍心目中的农业，就是利用现代科技及网络云端平台，实现农业集现代化经营、管理、销售于一体的生产模式。首先就是利用全新的高端理念，高起步追求时代潮流，更好地为苹果产业甚至农业开启示范表率的系统化生产模式。同时，还要积极利用互联网思维，让苹果依托互联网"飞"起来！

谈到未来的发展，张育珍坚定地表示，他将一如既往地做"良心"产品，生产安全放心食品，把农民的苹果梦越做越甜！最终让"农民"成为一个光荣、体面的职业！

# 让四季都有春天的味道

岚皋县秦巴红富硒有机香椿科研所　龚海涛

> 龚海涛，"秦巴红"香椿创始人、安康市人大代表、岚皋县新型职业农民协会会长、中国农学会科技志愿服务总队秦巴红科技分队队长。

## 一、弃商从农，创新创业

2015 年，龚海涛回到家乡岚皋县民主镇田湾村，准备开始弃商从农的创新创业之路。在这之前，他在武馆担任过专业散打教练，获得过散打比赛个人冠军，还在餐厅干过服务员，在工地干过小工。2006 年，回到安康投资建材市场，事业蒸蒸日上。虽然有了一些小成就，但他心里始终记挂着家乡，每每看到乡亲们为生计发愁，他的心里就不是滋味。

坡地多，耕地少，加之外出务工人员多，劳动力匮乏，田湾村的产业发展总是不容乐观。经过多方考察，对接农业专家实地调研论证，龚海涛最终把目标定在种植香椿树上。"香椿可以说是很能代表乡愁的植物之一，安康的农村，无论房前屋后还是田间地头，总能看见几株香椿树。"龚海涛说，"香椿产业投资不是特别大，对地理环境要求不算太高，可以在坡地种植，而且，后期的管护成本相对较低，3 年以后基本上在管护方面的用工就很少了，符合我们当地的客观条件。另外，据我了解，安康还是全国重点香椿种源地。"

在西北农林科技大学以及市、县农业部门的帮助和指导下，龚海涛于2017 年成立岚皋县辰信生态资源保护开发有限公司，并种下第一批香椿树。但是，由于缺少专业技术和经验，在种植密度上出现了问题，造成了经济损失。有了这次的经验，龚海涛意识到，必须进行系统的、有针对性的学习。参加各级高素质农民、农业职业经理人、领军人才等不同层次专题培训班、外出考察、到高校请教专家教授，哪里有学习的机会，他总是第一时间报名参加，不断拓宽视野，全面提升自己的综合素质。通过系统培训学习，2020 年取得陕西省高级职业农民资格认定，成了高级农业职业经理人，获得了高级农艺师职称，2022 年还考取了乡村规划师。

## 二、开展技术研究和推广工作

这些年，龚海涛联合西北农林科技大学、天津科技大学多名专家组建岚皋县秦巴红富硒有机香椿科研所，主要开展香椿技术研究和推广工作，进一步提升了香椿产业的科技水平，培育出的"秦巴红香椿"被农业农村部农产品质量安全中心认定为特质农品。同时，积极联合所在单位，组织开展香椿相关的各类培训，累计培训约 3 000 人次。

"我们现在通过矮化密植，一方面解决了香椿的产量问题；另一方面，也解决了管护问题。"龚海涛表示，香椿可以做成立体农业，种植 3 年以后，香椿树基本成型，发展林下养殖，既符合生态链，也符合现代人对于健康食材的需求，他希望带动更多的人参与香椿产业，共同致富。

目前，秦巴红香椿核心园区达 1 730 亩，已有 13 家香椿合作社入驻，辐射带动 1 200 户 3 800 人，拥有完整的育苗和标准化种植示范基地，从选种、育苗、种植、采摘等环节实行全程严格把控，科学管理，严格遵循野生香椿生态环境要求，坚持生产绿色有机食品，以人为本，做良心企业，2022 年，田湾香椿现代农业园区被认定为安康市第十一批市级现代农业园区。同时积极带动全县发展香椿种植 1 万余亩，仅他的公司就带动全村 276 户发展香椿，其中脱贫户 212 户，实现农民在家门口就业增收，同时带动本市汉滨区、白河县、紫阳县发展香椿种植总面积已超过 5 000 亩，其基地及技术服务辐射四川、湖南、云南等多个地区。规模不断扩大的同时，龚海涛更看重的是香椿品质和特色。香椿本身是一种健康食材，如何让这种健康更可靠，得到大众的认可，除了充分利用安康的富硒优势，还要按照规范化有机香椿生产要求进行管理。龚海涛在首次种植香椿时，就秉持着有机的理念，按照有机的标准种植。2022 年，秦巴红香椿通过有机认证和富硒认证，"富硒"和"有机"的金字招牌将为龚海涛的香椿赋予更多的内涵和责任。

在很多人眼里，香椿是一种应季产品，只有春季才会有，周期性太强。但如何让它保持长久的生命力？龚海涛有着自己的"小算盘"。"新鲜香椿的采摘期大约有 4 个月，这个时期主要以鲜芽头为主。"龚海涛说，"新鲜香椿采摘完以后，我们跟一些食品公司对接合作，为他们提供原材料，通过烘干做成香椿梅干菜馅饼、香椿梅菜扣肉、蒸菜等食品，同时，我们还跟西北农林科技大学食品学院的教授一起研发了一款与市面上常见的香椿酱不同的特色酱产品，目前已经通过了多次修正，香椿酱上市以后，就可以保证一年四季都能吃到'春天'的味道。"

香椿带来的收益也是让龚海涛没有想到的。2019 年，龚海涛在网上看到了一则新闻，题目为《新身份的象征！"香椿自由"取代"车厘子自由"》，文中提到"三月一到，一大波春季限定时蔬陆续上市，香椿自由成新一代的'炫富标志'！有人在网上做了一个换算表：1 斤香椿的价格等于 39 只小龙虾、10 只鲍鱼、1 只波士顿龙虾……"龚海涛说，"以他个人的了解，在南方一些超市，鲜香椿基本都是按克售卖，花上几十元钱买几十克香椿足够烹饪出一盘美味的'春色'，看似价格普通，但是如果换算成斤的话，售价的确是可以达到一百多元一斤的。"目前，龚海涛公司的新鲜香椿采取线上和线下相结合的方式售卖，主要销往广州、深圳、珠海、上海、苏州、北京、西安等地。

## 三、开展产业培训，进行科技服务

如今，乡亲们都亲切地称龚海涛为"香椿哥"，香椿哥不仅产业做得"香"，还积极参加各种社会公益事业活动，把"香气"带到各界。新冠疫情防控期间，作为岚皋县新型职业农民协会负责人的他积极组织 40 多位高素质农民活跃在安岚高速蔡垭路口疫情防控检查站，协助大学生志愿者做防疫检查。白天，他们耕耘在岚皋县农业战线上，勇做产业发展"尖兵"。晚上，他们主动请缨，与公安交警、医护人员等一起，默默坚守在疫情防控一线岗位。任职以来他积极组织协会开展产业培训服务、科技志愿服务、观摩交流等活动，积极参加爱心送考、爱心捐赠、资助病患等公益活动，所在协会被评为 2022 年度安康"四好"商（协）会、先进集体。

忙里忙外，对于龚海涛来说，是充实又有意义的。首茬鲜香椿上市，除了联系销售外，还要马不停蹄地服务于周边县区的香椿基地建设，积极开展乡村产业人才培训工作。历年来，他先后获得陕西省第六届农业科技创新创业大赛冠军、陕西省高素质农民培育省级名师、首批陕西省林业乡土专家、安康市高素质农民技能比武大赛蔬菜组第二名、安康市优秀高素质农民、岚皋县优秀高素质农民、岚皋县"最美科技工作者"等荣誉称号。2022 年，岚皋县秦巴红富硒有机香椿科研所申报的"秦巴红"香椿通过林木新品种审定，被收录为陕西省林木良种名录。这不仅能为公司带来很多收益，更代表了安康境内香椿种源的优越性。

## 四、挖掘现代农旅元素，打造现代农业园区

下一步，秦巴红富硒有机香椿科研所将依托现有产业基础充分挖掘生态、休闲、文化、科技、科普等现代农旅元素，深度融合一二三产业，重点建设

"一村一品"基地，着力打造集蔬果种植、农副产品深加工、农副产品交易物流和休闲观光农业为一体的现代农业园区；同时充分挖掘生态环境优势，创新合作模式，延伸产业链条，注重品牌价值提升，积极打造"岚皋香椿"品牌，引领香椿产业高质量发展，力争将岚皋县打造成西北乃至全国香椿产业强县。

# 做好科技志愿服务
# 衔接农业科技最后一公里

松波农业社会化技术服务队　周　辉

> 周辉，生于1971年，中国农学会科技志愿服务总队松波楼观分队队长。2019年和复员军人陈松波联合发起成立了松波农业社会化技术服务队，主要工作以周至猕猴桃的冬季修剪、嫁接品种改良为主。2021年，松波社会化服务团队被授予中国农学会科技志愿者团队，同年周辉被周至县农广校聘为2021年度高素质农民培训帮扶指导老师。
>
> 自加入中国农学会科技志愿服务总队周至果蔬松波分队以来，在任东侠队长的带领下，团队积极做好"中国农学会送科技进周至，乡村振兴志愿有我"活动，以大专家带小专家、小专家带农户模式，引领果农进行猕猴桃标准化生产，每年志愿为果农指导猕猴桃生产技术6次，通过志愿者的服务，每亩为果农增收2 000元以上，受到了果农的一致好评。

2020年一场突如其来的新冠疫情给人们的生活按下了暂停键，当时正是猕猴桃春季生产的关键时期，春耕生产需要技术、需要农资，"一年之计在于春"。为了不影响果农的猕猴桃生产，周辉和几个队员找到任东侠队长商量解决果农春耕生产用肥问题，商定后周辉带领几个队员用电话联系配送，路不通去不了村子，就把肥料给果农扛到家里去，一边做好防疫一边抓住农时，这一年虽然有疫情，但是服务队管理的猕猴桃园都没有受到损失。

目前团队服务已经辐射到了周至周边的鄠邑、眉县、杨凌、兴平、武功、佛坪等地。

2023年2月10日，周辉接到任东侠队长任务：去佛坪县进行猕猴桃技术帮扶。于是他带领10名技术能手去佛坪县三郎沟村、凤凰岭村进行技术帮扶，因为佛坪县是在大山里边，地理条件很恶劣，猕猴桃树都长在山坡上，修剪整形很不方便，但队员们克服重重困难完成了400亩地的猕猴桃园改造任务，受到了佛坪县农业农村局领导的好评，预计2023年每亩地增收5 000元以上。

　　未来，周辉将继续带领团队努力做好志愿服务，让更多的果农都能享受到志愿服务，提高猕猴桃品质，做好农业科技最后一公里衔接，助力乡村振兴。

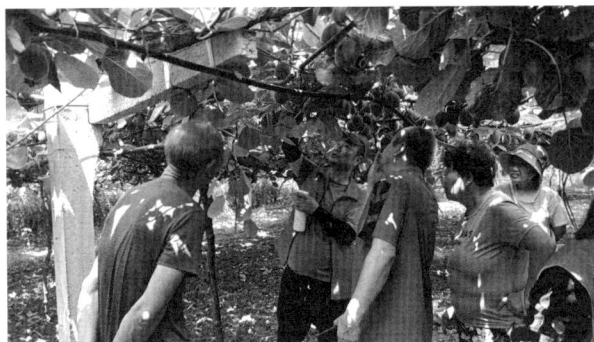

# 自从学会种蘑菇  担子就没轻松过

陕西省吴堡县食用菌协会  王锦平

凌晨四五点，陕西省吴堡县食用菌协会会长王锦平家中的灯亮了，一天的忙碌也就开始了，不是读书看报，就是采蘑菇、扎种蘑菇用的菌袋，或是捡杏仁、包装杏仁产品……

## 一、从零起步种蘑菇

自 1996 年春季，在甘肃农业大学学会栽培蘑菇返家种植后，王锦平的担子就没有轻松过，那时候的经济条件特差，种蘑菇所需要的原材料、器材、场地等要啥没啥，一切从零起步。于是王锦平就用勤劳的双手，收集各种阔叶树叶及农作物的废弃品如谷壳、豆秸、米糠、高粱壳等，扛起了创业的重担。

终于种出了蘑菇，他骑着买来的二手自行车去县城销售，15 千米的路，10 千米都是坡，品尝了春风吹、夏日晒、秋雨淋、冬雪冻的滋味，尝尽了人生的酸甜苦辣咸，体验了创业的艰辛，就这样坚持了三年，有好转后发展至今。

## 二、坚持生态循环发展，带领群众致富

王锦平坚持生态学原理，循环利用生产中的各种下脚料。他认为种过蘑菇的废料、煮过杏仁的水、杏仁的下脚料直接倒掉，污染环境，污染水资源。经过无数次的匹配和在田间地头的反复试验，终于成功研制出了一种有机肥——微生物菌药肥。施用微生物菌药肥，番茄完全可以达到秆壮叶茂果实大，原生态味更浓，瓤沙汁甘茎不硬，口感非常好；白萝卜的品质也好，产量也高。

为了能更有效地带领群众致富，王锦平不断地学习设施种植菌、菜、瓜、果的技术，还时不时地去外地学习科学种植先进技术，热心引领农友们走上科学致富的道路。为了充分挖掘当地的绿色资源，王锦平又与陕南的造茶大师们

沟通联系，向他们求教生产优质茶叶的工艺流程及技巧，把当地的苦菜、蒲公英、槐花、茵陈、枣芽等制成了保健茶，产品正处于尝试阶段。

## 三、宣传科技知识，提升科学素养

他每年积极配合吴堡县科学技术协会宣传科技知识，给农友们讲解小杂粮（谷子、高粱）高产栽培技术、测土配方施肥技术；讲解甜瓜、西瓜地下害虫的防治方法，礼品西瓜高产技术等，并且都达到了预期的效果。2021 年 5 月在吴堡县科学技术协会的正确指导下，他联合几名高素质农民成立了吴堡县联胜中药材种植农民专业合作社，种植和粗加工绿色中药材。中药材的生长和加工过程都很严格，他们坚决做到药材在生长期间不打农药、不上化肥、不用除草剂和激素，整个药材的粗加工过程也都采用物理操作，最大程度地保护了药材的药效。合作社还招来几十位脱贫户打工，提高他们的家庭收入。

2016 年，王锦平吸收本村贫困户 7 户 11 口人入股并给予他们年终分红。王锦平经常给他们讲解蘑菇种植技术，让他们学会了自己独立种植蘑菇。2019 年冬至至 2021 年春季，免费给吴堡县龙翔农业科技综合开发有限公司指导设施大棚葡萄栽培技术和草莓栽培方法，又从中宁调回宁夏枸杞试种，结果长势喜人，果实累累，增加了龙翔公司的经济收入。

2017 年，王锦平的企业被榆林市科学技术协会评为榆林市"科普惠农，兴村计划"先进集体，被榆林市科学技术局评为科技型企业。在 2021 年第二十八届中国杨凌农业高新科技成果博览会上，他培育的杏仁产品获得了"后稷奖"，给吴堡县的优质土特产品争得了荣誉。而他因在农技上不懈的钻研与耕耘，2022 年被评选为中国农技协百强乡土人才。

# 探索发展林下经济　带动贫困户脱贫致富

子洲县宏泰苗木专业合作社　杜小宏

杜小宏，生于 1974 年，子洲县田山渠村人，毕业于西北工业大学，现任子洲县宏泰苗木专业合作社负责人。带领合作社积极探索发展林下经济，始终坚持"服务家乡、造福百姓"的理念，在脱贫攻坚中带动 38 户贫困户脱贫致富。荣获第五届"榆林好人"提名奖；在 2016 年度创业示范户和产业带头人中，表现突出，被中共苗家坪镇委员会、苗家坪镇人民政府授予先进个人称号；被评为 2016 年全县发展果业种植大户；荣获榆林市五一劳动奖章等。

## 一、政策驱动返乡创业

杜小宏早年一直在外经商，经过多年打拼，生意做得小有成就。为了吸引更多走出家乡的优秀人才返乡创业，子洲县以乡情为纽带，从制度、资金、服务、信息、基础建设等多方面综合发力，为创业者量身定制了一整套完善的保障机制。谈及政府对返乡创业企业家的支持力度，杜小宏说道："依托全民创业扶持政策，政府为核桃栽植大户每亩补贴 1 200 元，免费提供红树莓等种苗，还聘请专家蹲点进行技术指导……这么多的优惠政策，让我们想干更敢干！"2014 年在子洲县委、县政府全民创业政策的激励下，经过多方考察研究，并积极响应国家荒山治理、绿化造林、构建低碳社会的号召，杜小宏毅然决定返乡创业，在家乡打造高标准核桃基地。

## 二、创办合作社，发展林下经济

2015 年杜小宏创办了子洲县宏泰苗木专业合作社，该合作社以山区农业现代化建设为发展方向，按照基地＋农户的经营模式，流转撂荒、闲置土地

1 800 余亩，新栽核桃 1 300 亩、山地苹果 200 亩、桃和李子 50 亩、生态林 300 余亩，并配套平整土地 500 亩建设环山道路等。2019—2022 年，合作社积极探索发展林下经济，在核桃树下套种红树莓 50 余亩、细叶韭菜 50 亩、艾草 300 余亩、红葱 100 余亩，年收入达 10 万余元。新修建宽梯田 45 亩，平整土地 255 亩。

目前已形成了以改善生态环境、促进经济大发展的绿色产业模式，为全县流转撂荒土地、发展林果产业、提高生态效益、带动群众脱贫致富提供了可借鉴的实践经验，为田山渠山区综合治理探索出了一条持续而高效的产业化发展之路，为建设生态陕北、美丽陕北起到了铺路人的作用。

## 三、带动群众致富

2015 年何家集镇双疙瘩村多数核桃栽植户因为核桃积压家中而发愁，为解决果农核桃滞销问题，杜小宏主动上门收购果农积压的核桃。杜小宏为该村 38 户贫困人口提供了长期就业岗位，带动他们走上了致富之路。多年来，杜小宏始终坚持"服务家乡、造福百姓"的理念，不仅发展产业带动群众致富，更是经常深入贫困户、老党员家中看望慰问，为他们送去自己的一份心意。

# 林下养蜂助推乡村振兴致富梦

旬阳市绿佳然生态农业农民专业合作社　李选阳

旬阳市职业农民李选阳，立足当地实际，带头钻研学习科技文化知识和农村实用技术，在实施林下科学养蜂、示范带动、科技培训等方面发挥了积极作用。

## 一、组建专业合作社

李选阳自 2012 年以来一直从事林下养殖中华蜂，于 2017 年 5 月组建成立了旬阳县绿佳然生态农业农民专业合作社。社员由 5 人发展到 140 余户 261 人，中华蜂养殖辐射带动全镇 10 个村 1 800 余户，年养蜂 18 000 余箱，实现产值 1 000 万元。合作社始终秉持"以纯真取生存，以诚信求发展"的经营理念，推广新品种、新技术，并为社员提供市场信息，还开展技术辅导和培训、提供技术支持和推介销售农产品，年培训指导 30 余场次，养蜂户年收益 6 000 元。

## 二、引进优质新品种

自成立以来，合作社始终坚持"带领群众共同致富"的服务宗旨，并确定了供种—服务—回收—销售一条龙的产业发展模式。他个人曾多次自费到陕西商洛、四川等地考察学习中华蜂养殖技术，经过实地认真考察和调研，和商洛市山阳县的一个中华蜂养殖公司签订了供种协议。经过自身的不断学习和摸索，中华蜂养殖规模不断扩大，产出的蜂蜜质量越来越好，带动当地养蜂产业从最初的 1 000 箱发展到目前的 20 000 余箱，获得了广大群众的充分肯定。

## 三、争当致富领头人

致富不忘家乡人。几年来，在李选阳的带领下，合作社对社员和养蜂户始终做到免费供种、赊款供种、无偿提供技术、及时合理回收产品等服务，给很多想靠养殖致富又没有资金的农户提供了很大帮助。合作社每年出资免费为60 余户养蜂户发放蜂桶 300 多箱，他亲自上门给养蜂户指导养殖技术，经常被蜂蜇伤，少则几刺，多则上百刺，但他从未放弃。也正是有了李选阳这样能吃苦、肯钻研的致富带头人，旬阳市的林下种养产业才得以不断发展壮大。

# 依靠科技腾飞　实现产业致富

旬阳市国桦农林科技开发有限公司　周智国

周智国，旬阳市食用菌行业的佼佼者，陕西省"百村振兴行动"安康市旬阳市神河镇金河口社区对接服务科技特派员，现任旬阳市国桦农林科技开发有限公司总经理。2020年以来，他先后被授予安康市劳动模范、陕西省五一劳动奖章。在长期的食用菌产业发展过程中，他采取"五统一"服务，探索出乡村振兴"五种"益农带农发展的"国桦"模式。

## 一、积极服务于农业产业化建设

周智国遵循"资源节约、保护环境"的发展理念，利用当地农户秸秆、树枝等农林废弃物发展食用菌产业，建设以香菇栽培为主的食用菌产业基地320亩，建成"一个中心、四大基地"，以金河口社区国桦食用菌产业集散中心为依托，带动屋场村、夏家院村、黑沟村、白庙村四大产业基地，探索形成以"土地流转、基地务工、资产分红、送棒收菇、订单服务"五种益农带农的乡村振兴方式。他投身并服务于企业与村镇的振兴发展，指导企业和农户利用秸秆、树枝等农林废弃物作为食用菌基质原料，开展食用菌技术创新研究与实践，引进袋料生产香菇技术、菌棒加工生物颗粒技术，实现资源的循环利用；积极开展富硒香菇优良品种引进筛选与富硒栽培试验研究及产品开发，成功研发出富硒香菇产品，研究制定出了富硒香菇企业标准。围绕富硒食品开发，2021年在金河口社区实施陕西省区域创新能力引导计划专项——富硒食用菌工厂化生产关键技术研究项目；建设陕西省食用菌专家工作站和陕西省农业专家服务站。2022年神河镇金河口社区发展袋料食用菌（香菇）500万棒，实现产值3 918万元，农户人均收入1.8万元。

## 二、积极开展科技创新实践

自 2017 年以来，公司先后与西北农林科技大学、安康市农业科学研究院、安康学院等单位开展科技合作，不断研发食用菌增产技术，2019 年获安康市级专家工作站授牌，2022 年获陕西省专家工作站授牌，搭建自主开展科技创新的平台；公司被认定为安康市级就业扶贫基地、安康市级创业孵化示范基地、安康市农产品质量安全标杆单位、科技型中小入库企业，获得陕西省企业"三新三小"创新竞赛优秀成果三等奖等荣誉称号。"国桦香菇"荣获第三届中国森林食品交易博览会优质奖（2020 年 8 月，上海），并被列为消费扶贫 832 平台供应产品。2022 年"国华香菇"被中国绿色食品发展中心认证为绿色食品 A 级产品，"国桦木耳""国桦香菇"被农业农村部农产品质量安全中心认定登录为特质农品。企业被认定为陕西省高新技术企业和陕西省"专精特新"中小企业，申请的农业段木菌丝接种器、一种废弃菌袋处理装置、一种香菇菌包打孔装置获得实用新型专利授权。

## 三、积极投身公益活动回馈社会

在开展技术服务的同时，周智国还积极投身公益慈善活动。2018 年，在神河镇党委、政府组织的"社会扶贫送爱心"捐赠活动中，他个人捐款 5 000 元；2019 年在"神河镇慈善扶贫·日捐"活动中再次捐款 5 000 元；2022 年动员单位职工组织慈善捐款 102 000 元。他始终抱着一颗感恩的心，尽最大努力为社会福利事业贡献力量。

依靠科技的力量，经过科技特派员的帮联共建及社区合作经济组织的努力，金河口社区已成为旬阳市乡村振兴示范村，周智国的公司也被陕西省农业农村厅等九部门认定为陕西省农业产业化经营重点龙头企业。

# 情系"三农"勤耕耘  扎根沃土践使命

西安小帅果蔬专业合作社  陈永利

陈永利，高级农艺师、高级电子商务师，是西安小帅果蔬专业合作社负责人，也是周至县二姐夫电商团队的创始人，还是西安市科技特派员、秦巴山区人才、三区科技人才、周至县优秀科技人才、高素质农民培育讲师。

## 一、返乡创业，助农增收

2008 年从广东返乡，陈永利开办了周至县锦绣手工艺品厂，带领 100 名周至县留守妇女和下岗职工做手工艺外贸出口工作。2017 年创建了西安小帅果蔬专业合作社，2018 年组建了自己的种植小组，2020 年线上培训 400 多位果农，同年自行组建成立了周至县首家以果农种植户为核心的线上网络销售团队"二姐夫电商团队"，进行助农线上销售，当年销售额达到 178 万元。陈永利为家乡果农提供全程服务，提高了果农的种植技术，也提高了猕猴桃的品质，使他们增加了收益。

## 二、以强带弱，送科技下乡

作为一名科技特派员和农民工技能培训老师，陈永利非常清楚科技支撑在乡村振兴中的重要作用。因此，她与一线果农强强联手，精心培养人才，并进行严格考核，选拔了一批种植技术能手、修剪技术能手和嫁接技术能手，以科技引领传统的方法，将科技送到田间地头、送进千家万户。另外，在新优品种推广、土壤改良、水肥管理、标准化示范园建设、创新创业等方面都发挥着积极的表率作用。

## 三、发挥科技优势，带动产业发展

自创建农产品电商销售团队以来，从技术指导到猕猴桃加工再到包装销售，陈永利都积极听取建议，采纳创新，让更多返乡创业者、大学生回乡创业者参与到乡村建设中，带动更多的果农改变思想观念，实现农业减负增收，增加经济效益。团队全面践行了国家"两减一增"的农业发展理念，发展生态农业，从生产一线做好品质安全，让农民增收，让消费者吃得安全。

此外，为了更好促进产业发展，团队不断借助科技优势，通过益农社、抖音、视频号、京东、淘宝等平台，做好农产品上行和工业品下乡，以技术带动产业，助力乡村振兴。

## 四、开展电商技能培训，助力果农增收

让手机成为新农具，让直播成为新农活。陈永利组建了 6 个电商示范引领基地、3 个村级电商驿站，通过电商技能培训，陈永利让 10 000 多名农民接触互联网，了解农村电商，掌握短视频、直播带货技巧，带动猕猴桃网络销售。团队现有电商带货达人 36 名，村级网红 6 名，周至人文历史及文化产业推广人员 65 名，签约主播 2 名，签约乡村风采杂志作者 1 名。他们通过自媒体宣传周至，推广周至猕猴桃，让周至不再有烂在地里的猕猴桃，带领更多果农增收致富。

团队每周三、周六免费为周至的留守妇女、下岗职工、富余劳动力培训电商知识，让她们学会接单。许多果农朋友在他们的带领下，懂得了网络销售的操作方式，他们不再局限于传统的销售模式，获得了增收增效。

作为农业科技人员、电商人，在用自己的专长帮助广大果农的同时，陈永利也非常注重提升自身技能与实力。

2020年，陈永利在陕西省大学生创新创业计划竞赛中荣获铜牌，在"互联网＋"大赛中获省级银奖，在陕西省中华职业教育创新创业大赛中荣获二等奖。她还与西安职业技术学院院长蔡云波共同研发了一种猕猴桃保鲜转运箱专利。

因为表现出色，陈永利连续6年获得优秀科技特派员、优秀高素质农民帮扶老师、金周英才Ⅰ类人才等荣誉称号，企业也被周至县投资合作和经济贸易局评为电商活力企业。

# 甘　肃

## 一个退伍军人的荣耀与梦想

会宁县金茂源农机农民合作社　王世强

　　甘肃省会宁县金茂源农机农民合作社理事长王世强是一名退伍军人，火热的军旅生涯铸就了他的格局和品格，也培养了他的责任与担当。从退伍回到家乡那天起，为乡亲们谋福利、为乡村图振兴就成了他念念在兹的愿景。

### 一、退伍回乡，带领乡亲开启创业征途

　　王世强是 1998 年退伍的，那个时期正在经历亚洲金融危机，不少城市工人下岗、大量农民工返乡，因为乱开荒地，家乡有许多山头的植被被破坏。他看着靠耕种自家几亩薄田养活不了身上满是补丁的一家人的乡亲们，尤其是子女考上大学却付不起学费而四处举债的那些乡亲，一股责任感油然而生。于是，王世强组建了一个工程施工队，决心带领乡亲改变贫困的面貌。虽然他的施工队经历了十多年的打拼，从几个人的团队发展到了七八十人，但由于承包商拖欠工资，压力越来越大，不得不于 2016 年 3 月解散。

　　2016 年 5 月他回乡参加一位工友孩子的婚礼，看到家乡基本农田有的都荒芜了，留守在农村种地的都是老人，这一幕又一次触发了他的担当与责任。他把当初解散的团队成员再次集合起来，成立了会宁县金贸源农机农民专业合作社，走上发展农业生产脱贫致富之路。

军人的荣耀激励着他，部队的经历也鼓舞着他。靠着在部队学到的组织力和执行力，他很快建立起了一支以机械服务、种植技术服务和生产管理为主营业务的保障有力的专业合作社。合作社共拥有大型农机 11 台，配套农机具 43 件。他先后在会宁县土门镇流转苏堡村南湾社，土门岘村土门社、上窝窝社、畅湾社，杨岘村北山社等撂荒土地 4 100 余亩，并与当地农民达成基础土地流转费＋产业分红的协议，吸纳社员 243 户，其中脱贫户 56 户，合作社长期用工 9 人，每年临时用工 2 100 人次。

这几年，合作社年均向农民支付土地流转费 19.56 万元、产业收益分红 39.2 万元。通过合作社内部扶助机制，6 年给予当地贫困大学生、残疾人、孤寡老人、需大病救助人员扶助资金 11.5 万元。合作社在 2017—2020 年度助农增收致富效果显著，对助力脱贫攻坚起到了积极作用。

## 二、技能培训，科普之花开遍田间地头

王世强常说，知识需要不断更新，科技的力量更需要薪火相传。从 2019 年起，他参加不同类型的高素质农民培育班 3 次，2022 年还被选拔参加甘肃省头雁培育工程。在培育过程中，他认真完成理论培训、实践操作，积极向有关专家请教专业知识。通过学习、交流，他的视野更加开阔，理念进一步更新，管理、经营能力大幅提高。2021 年，会宁县农广校确定金茂源农机农民合作社为农民田间学校，合作社从此走上了校社联办科普农技的路子，每年依托高素质农民培育、基层农技推广体系建设、土地托管等项目，以合作社成员、农机大户、农机户、种植大户等为重点，聘请有关专业人员开展农作物品种选择、标准化种植、田间管理、机收减损等关键技术和关键生产环节培训，先后有 1 000 多名学员接受了政策宣讲和技术示范推广服务。2020 年以来，合作社开展以耕、种、防、收服务为主的土地托管面积达 13 000 余亩，为当地农民节约了种植成本，提高了他们种地的积极性。

在开展科普活动的基础上，王世强边学习边实践，不断引进种植优良品种，示范推广玉米、马铃薯各 1 500 余亩，以山地荞麦为主推广小杂粮 1 000 多亩。2021 年度王世强被中央农业广播电视学校评为百优保供先锋。

## 三、多元发展，增创效益助力乡村振兴

王世强在搞好农业生产的基础上，积极推行多元化服务，给农户更多自主权，为他们提供四种服务模式：农户将承包地出租给合作社经营，租赁款以现金或粮食的形式由合作社与农户进行结算；农户承包田自主经营，由合作社提

供主要农作物生产全程机械化土地托管服务和技术指导服务；农户在农业生产过程中，可选择合作社为其提供优良品种、技术指导和主要作业环节的机械化服务；通过头雁项目的学习，利用西北农林科技大学张保军教授的旱田高产技术，在合作社牵头下建立观摩试验田，引导农户开展科学种田、质量管控，提升农产品品质，增加农户的收益，通过农户高收益的种植管理模式吸引更多散户加入，计划3～5年吸引区域性散户600户，优先让当地农民参与并拿到高利润的回报，让有了盼头的农民走上共同富裕之路，实现助农就近增收、助力乡村振兴的使命和目标。

作为近几年高素质农民培育锻造的诸多"土专家""田秀才"中的优秀代表，在推动农业发展、宣传和推广农业科学技术方面，王世强发挥了高素质农民的示范带头作用。当前会宁县正以巩固拓展脱贫攻坚成果与推进乡村振兴有效衔接为契机，把服务现代农业产业发展、普及农业科学技术作为培育高素质农民的出发点和落脚点，努力提高农民的科学文化素质和生产经营能力。王世强也期待着更多的农民朋友能像他一样，成为乡村振兴的有力推动者。

# 宁 夏

## 让荒漠绿起来　让家乡美起来

吴忠市红寺堡区百瑞源枸杞产业发展有限公司　马　涛

马涛，中共党员，现任吴忠市红寺堡区百瑞源枸杞产业发展有限公司总经理。工作中他将自己的满腔热情完全投入枸杞种植的工作中，通过艰苦努力，务实工作，他很快掌握了枸杞的种植方法，并成为公司的业务骨干，得到公司领导和同事的高度评价。多年来，带领团队在枸杞种植加工领域和有机质量管理领域进行科技创新，为企业提供优质原料。为了提高自身业务能力，和宁夏大学、宁夏农业科学院等科研院所建立紧密合作关系，勤学先进技术，为企业和枸杞行业的发展做出了突出贡献。

## 一、坚持汗水洒入大地，荒漠上种出了好枸杞

2013 年，马涛跟着公司领导来到红寺堡寻找能种出最好枸杞的干净土壤。经过考察，他们把目标锁定在远离城市、没有工业污染的红寺堡区。在刚开发红寺堡这片荒漠时，由于地表植被严重破坏，一年四季狂风肆虐，风沙四起，当时他心里想，要是荒漠开发失败，怎么向公司交代，于是他心里暗自鼓励自己，一定要开发好、保护好、利用好这片荒漠。面对一轮又一轮的风沙袭击，他在荒山上栽下了防护林带，在荒漠上栽下了一棵棵枸杞幼苗。这里没有路，就绕着荒地修了近百里的路；这里没有电，就在几十千米外拉来了电；这里没有水，就在山上修了几万立方米的水库，硬是把山下几十千米的黄河水引到山

头；这里的山地无法灌溉，他便引进了以色列滴灌技术，在山坡上铺下几千千米长的滴管，把一滴滴水肥输送到一棵棵枸杞树根部。

可万万没想到的是，原有荒漠生态植被遭到破坏后，沙漠害虫向幼小的枸杞树发起一次又一次进攻。在使用生物农药无效后，不少人建议用化学农药，但他坚决不同意。他说付出如此巨大的艰辛，不就是为了保留一片干净的土壤吗？于是，他一方面组织大家一起晚上打着手电筒抓虫子，另一方面对外合作研发针对性的生防制剂。

8年的时间里，他和团队用顽强的毅力，让荒漠变成了绿洲，让枸杞挂上了红果。今天，看到一串串水灵灵的有机红果果，大家露出了欣慰的笑容。2016年以来，原生态荒漠枸杞种植基地陆续顺利通过了国家良好农业规范（GAP）认证、国家生态原产地产品保护认证、德国BCS有机食品认证、国家有机枸杞认证四项国内外权威认证。

## 二、创新让枸杞更红

在荒漠地带上种植枸杞很难实现机械化、标准化，于是他带领团队不断摸索改进创新，创造出适合荒漠地带的一系列设施设备，如水肥一体化自动控制系统、打药机械、凹形刮板、智慧园林带。花区灌溉系统改造、智慧园工作室的创新先后荣获贺兰县五小发明一、二、三等奖。不断创新升级让红寺堡的枸杞保持着稳定的产量，而随着销路的打开，红寺堡的枸杞得以走出宁夏，走上了全国人民的餐桌。

## 三、拥抱互联网，开启智慧农业模式

2017年，面对互联网的快速发展，基地全体员工积极拥抱互联网，着力发展智慧农业，构建线上线下互融互通的现代化模式。针对有机枸杞生产，制定了以品种为导向、以病虫害生物防治为核心的生产理念；通过和农科院合作，开展枸杞新品种的培育，新型病虫害监测设备、气象监测设备和枸杞生长全过程监测设备的测试及应用，枸杞水肥一体化远程控制系统和土壤监测系统的测试及应用，并利用互联网技术精准实施水肥管理。

## 四、新模式种植引领枸杞行业

为了避免产量下降，马涛以枸杞健康生长为目标，将枸杞基地建成了枸杞花园，首创生态有机种植模式。他筛选出一批多年生草本、花卉、中药材等在枸杞园进行间作、邻作等，以植物多样性营造天敌昆虫和传粉昆虫的多样性，给有机枸杞园配备自然天敌栖息地，发挥自然天敌对害虫的控制作用，达到以虫治虫的作用，有效减少了生物药剂的使用，同时提高了害虫的防治效果。通过豆科等植物间作、枝条还田及土壤微生物调控等技术的协调应用，有效改良了土壤环境，提高了土壤有机质含量和肥料吸收利用率，促进了枸杞植株的健康生长和产量的提升。

## 五、产业扶贫，彰显社会责任

红寺堡是我国最大的异地单体生态移民扬黄扶贫集中安置区，目前累计开发耕地 3 000 余亩。如何扩大就业，如何解决搬迁安置移民就业难的问题，也是马涛一直在思考的问题。

自 2013 年至今，在他的引领下，红寺堡百瑞源枸杞基地近 8 年累计发放农民工工资 4 600 万元左右，为地方经济发展做出了积极的贡献。每年可安置当地农民工 75 人左右，枸杞采摘季节解决季节性农民工就业问题 800 多人；此外，百瑞源成立了红寺堡区枸杞产业协会，带动农户解决了枸杞种植难的问题，实现了"农民增富、农业增效、农村增绿"，取得了良好的社会效益和经济效益。通过原生态种植，红寺堡百瑞源枸杞基地生产出了优质枸杞，同时基地的标准化种植也成为枸杞行业典范。

8 年的情怀、8 年的坚守、8 年的奋斗，在全体百瑞源人的共同努力下，红寺堡百瑞源枸杞基地已经建设成为兼具生态之美、发展之美、和谐之美的国家级生态文明示范区和生态经济示范区，并带领当地农民走上了致富之路。

图书在版编目（CIP）数据

高素质农民科普工作典型案例 / 中国农学会，中国农村专业技术协会组编. —北京：中国农业出版社，2024.1

ISBN 978-7-109-31715-4

Ⅰ.①高… Ⅱ.①中… ②中… Ⅲ.①农民教育－教育培训－案例－中国 Ⅳ.①G725

中国国家版本馆 CIP 数据核字（2024）第 012827 号

---

**中国农业出版社出版**

地址：北京市朝阳区麦子店街 18 号楼
邮编：100125
责任编辑：郭　科　郭晨茜
版式设计：小荷博睿　责任校对：吴丽婷
印刷：中农印务有限公司
版次：2024 年 1 月第 1 版
印次：2024 年 1 月北京第 1 次印刷
发行：新华书店北京发行所
开本：700mm×1000mm　1/16
印张：13.25　插页：2
字数：257 千字
定价：48.00 元

---